AF304437

Stimme - Tor zur Ewigkeit

Entdecke die spirituelle Kraft deiner eigenen Stimme

von Martina M. Schuster

Impressum

©2024 Martina M. Schuster

Lektorat & Literaturrecherche: KI ChatGPT

1. Auflage, Juli 2024

Verlag boxofhappiness.de by conaquila

Hrsg. ConAquila GmbH Hallbergmoos

info@conaquila.de

Umschlaggestaltung & Layout: ConAquila GmbH

Bildquelle Cover: Canva Pro

ISBN 978-3-384-29325-1

Für Dich

Du Seele der Ewigkeit

Deine Stimme

Wirkt weit in die Unendlichkeit

Mit ihren Schwingen

Vorwort

Du hast viele Schlüssel in der Hand, um dein Leben leichter, besser, intuitiver, weiser und spiritueller zu gestalten. Einer der wertvollsten Schlüssel ist deine eigene Stimme. Leider wird uns diese kostbare Ressource oft verwehrt, weil uns irgendwann jemand die Freude am Einsatz unserer Stimme verdorben hat. Zwei typische Ursachen dieser Blockaden sind, dass uns gesagt wurde, wir sollten nicht singen, weil uns das Talent fehle, oder dass wir nur dann den Mund öffnen sollten, wenn wir gefragt werden. Doch jetzt sind wir erwachsen und es ist - wenn nicht jetzt - an der Zeit, Verantwortung für unser Handeln zu übernehmen. Im Wort Verantwortung steckt das Wort ‚Antwort‘. Das bedeutet, wir müssen dem Leben unsere eigene, individuelle Antwort geben. Und genau hier kommt unsere Stimme ins Spiel. Sie ist der Ausdruck unseres Innersten, die Energie unseres Selbst. Deine Stimme ist nicht nur ein Kommunikationsmittel, sie ist auch energetisch und spirituell. Sie bietet dir die Möglichkeit, dich neu zu entdecken und zu dem Menschen zu entwickeln, der tief in dir steckt. Deine Stimme ist ein Wunder. Gib dir selbst die Chance, sie neu zu entdecken und dabei auch dich selbst zu finden. Erlebe die Kraft und Magie deiner eigenen Stimme und öffne die Türen zu einem erfüllteren Leben.

Dieses Buch, 'Stimme als Tor zur Ewigkeit', entstand aus meiner tiefen Überzeugung und Erfahrung, dass die menschliche Stimme weit mehr ist als ein Kommunikationswerkzeug. Sie ist eine wundervolle Ressource, die uns mit den tiefsten Schichten unseres Selbst und sogar mit der unendlichen Weite des Universums verbinden kann.

Seit meiner Kindheit habe ich intuitiv meine Stimme exploriert, um mich selbst zu stärken und inneren Halt zu finden. Schon früh erkannte ich, dass die Stimme eine besondere Kraft besitzt, die weit über das hinausgeht, was Worte allein vermitteln können. Diese Erkenntnis hat mich mein ganzes Leben begleitet und vertieft. Die Idee zu diesem Buch kam mir in einer Phase meines Lebens, in der ich erneut die tiefgreifende Unterstützung durch meine Stimme erfahren durfte. Diese persönlichen Erlebnisse haben mich dazu inspiriert, die heilende und transformative Kraft der Stimme mit anderen zu teilen. Ich wollte, dass auch andere Menschen Zugang zu dieser wunderbaren Ressource und schnellen Hilfe finden können.

Als Unternehmerin, Autorin, Dozentin und Musiktherapeutin habe ich die transformative Kraft der Stimme in unterschiedlichsten Kontexten erlebt. Meine Arbeit in der ConAquila Coaching Akademie hat mir gezeigt, wie tiefgreifend Stimmarbeit nicht nur auf individueller Ebene, sondern auch in Gemeinschaften wirken kann. Die Stimme kann heilen, inspirieren und tief gehende spirituelle Einsichten fördern.

Wir leben in einer Zeit, in der viele Menschen nach Wegen suchen, nicht nur um Stress abzubauen, sondern auch ihre innere Balance zu finden und sich spirituell weiterzuentwickeln. Die wissenschaftliche Forschung holt langsam auf und bestätigt, was viele spirituelle Traditionen seit Jahrtausenden lehren: dass Singen und Tönen nicht nur emotional, sondern auch physisch und mental heilsam ist.

In diesem Buch möchte ich dir praktische Ideen und Techniken an die Hand geben, die du in deinem Alltag nutzen kannst, um die heilende und transformierende Kraft deiner eigenen Stimme zu entdecken. Du wirst lernen, wie du deine Stimme als Mittel zur spirituellen Entfaltung und zur Vertiefung deiner Intuition einsetzen kannst. Die Übungen und Anleitungen sind so gestaltet, dass sie sowohl für Anfänger als auch für Fortgeschrittene geeignet sind. Dieses Buch soll dich inspirieren und unterstützen auf deinem Weg zu mehr innerem Frieden, Klarheit und spirituellem Wachstum. Möge es dir helfen, die unendliche Weite deines eigenen Seins zu erkunden und die Ewigkeit in jedem Klang und jedem Atemzug zu erfahren.

Namasté

Deine Martina M. Schuster, im Sommer 2024

Inhalt

Impressum — 4

Vorwort — 6

Inhalt — 9

Einleitung — 14

Kapitel 1: Stimme das spirituelle Echo der Menschheit — 17

  Die Stimme in der Antike — 18

  Die Stimme in östlichen Traditionen — 23

  Die Stimme in westlichen Traditionen — 30

  Die transformative Kraft der Stimme — 39

  Stimmarbeit in der persönlichen spirituellen Praxis — 43

Kapitel 2: Wissenschaftliche Perspektiven — 46

  Physiologische Aspekte — 48

  Die psychologischen Aspekte — 51

  Psychoneuroimmunologie und die Stimme — 55

Kapitel 3: Entwicklung deiner spirituellen Stimme — 59

  Die Bauchatmung — 59

    Schritt-für-Schritt-Anleitung — 60

  Vokalisierungen von Tonleitern — 61

    Schritt-für-Schritt-Anleitung — 61

  Die Vokalimprovisation — 63

    Schritt-für-Schritt-Anleitung — 65

  Die Mantra-Praxis — 67

    Schritt-für-Schritt-Anleitung — 70

Die Klangmeditation 72

   Schritt-für-Schritt-Anleitung 74

   Schritt-für-Schritt-Anleitung Variante 77

Obertongesang und seine spirituellen Anwendungen 79

   Schritt-für-Schritt-Anleitung 81

Chanting als transformative Praxis 82

   Schritt-für-Schritt-Anleitung 86

Die Rolle der Stille in der Stimmpraxis 88

   Schritt-für-Schritt-Anleitung 88

Die Kraft der Vokalresonanz 90

   Verstehen der Vokalresonanz 90

   Schritt-für-Schritt-Anleitung 91

Stimmübungen in Gruppensettings 93

   Atmosphäre der Gruppenpraxis 93

   Spezifische Vorteile für die Teilnehmenden 95

Reflexion und fortlaufende Anpassung 96

   Führen eines spirituellen Tagebuchs 96

   Wissenschaftliche Perspektive des Tagebuchführens 99

      Metakognition in der spirituellen Stimmpraxis 100

      Motivation und kontinuierliche Entwicklung 100

Kapitel 4: Storypower der Transformation 102

   Heilung durch Obertöne 102

   Gemeinschaftsbildung durch Chanten 103

   Stressabbau und innere Ruhe durch Tönen 105

   Persönliches Wachstum und Selbstentfaltung 106

Teambuilding und Harmonisierung ... 107

Selbstermächtigung durch Klangreisen ... 109

Heilkreis für eine kranke Freundin ... 109

Kapitel 5: Spezialisierte Anwendungen und Techniken ... 113

Heilsame Frequenzen und ihre Anwendung ... 113

528 Hz – Die Liebesfrequenz ... 114

Quellen der Frequenzen ... 114

Übung zur Integration von 528 Hz ... 115

Tiefenmeditation durch Stimmarbeit ... 115

Bija-Mantras für die Chakren ... 116

Übung zur Tiefenmeditation und Stimmeinsatz ... 116

Schritt-für-Schritt-Anleitung: ... 117

Integration von Bewegung und Stimme ... 118

Yoga und Chanten: Eine symbiotische Praxis ... 118

Übung: Mantras in Yoga integrieren ... 118

Vorteile von Mantren in Yoga ... 120

Tanz und Stimme - Eine dynamische Synergie ... 121

Übung: Freier Tanz mit stimmlicher Begleitung ... 121

Vorteile der Kombination von Tanz und Stimme: ... 122

Kapitel 6: Tiefere spirituelle Verbindungen ... 124

Mit der Summ-Meditation zur inneren Stimme ... 125

Schritt-für-Schritt-Anleitung ... 126

Verbindung mit der geistigen Führung durch Chanting ... 129

Bedeutung der geistigen Führung ... 129

Schritt-für-Schritt-Anleitung ... 132

Tönen zur Verbindung mit der eigenen Seele   137

Schritt-für-Schritt-Anleitung   138

Kapitel 7: Die Integration der Stimmarbeit in den Alltag   140

Schaffung eines rituellen Raumes   140

Dein tägliches Ritual   142

Methoden zur täglichen Integration   142

Morgenritual Stimmmeditation   143

Abendritual - Reflektierende Stimmpraxis   144

Stimmarbeit am Arbeitsplatz   146

Stimmarbeit in der Gemeinschaft   147

Organisieren einer Gruppe   147

Langfristige Integration und Wachstum   150

Schlusswort   152

Über die Autorin   156

Von der Autorin erschienene Bücher   159

Wenn das Herz in der Stimme spricht,

dann ist die Stimme in der Lage,

andere Herzen zu berühren.

Hazrat Inayat Khan

Einleitung

Viele von uns suchen nach Wegen, um inneren Frieden und eine tiefere Verbindung zu sich selbst und dem Universum zu finden. Die Reise der Selbstentdeckung und spirituellen Erweckung ist so individuell wie jeder von uns, doch gibt es ein Werkzeug, das seit Jahrtausenden in vielen Kulturen für seine kraftvolle Wirkung bekannt ist: die menschliche Stimme. Ich lade dich nun ein, mit mir die wundervolle und magische Welt der Stimme zu erkunden. Es ist zwar nur ein kleiner, aber wertvoller Spaziergang, bei dem ich dir vieles zeigen möchte. Denn durch meine persönliche und berufliche Reise habe ich die transformative Kraft der Stimme sowohl in meiner eigenen spirituellen Praxis als auch in meiner Arbeit mit anderen erlebt. Als Unternehmerin, Autorin, Dozentin, Musiktherapeutin und Leiterin der ConAquila Coaching Akademie habe ich unzählige Male beobachtet, wie die Stimme nicht nur Körper und Geist berührt, sondern auch das Tor zu tiefen spirituellen Erlebnissen öffnen kann. Schon als Kind spürte ich eine tiefe Verbindung zur Musik und zum Gesang, die weit über das hinausging, was Worte beschreiben können. Diese frühen Erfahrungen prägten meine Überzeugung, dass die Stimme ein direkter Ausdruck unserer innersten Sehnsüchte und unseres wahren Selbst ist. Im Laufe der Jahre, während meines Studiums und meiner beruflichen Laufbahn, vertiefte ich mein Verständnis für die psychologischen und therapeutischen Aspekte der Stimmarbeit. Es wurde mir klar, dass jeder von uns eine einzigartige stimmliche Signatur hat, die, wenn sie voll entfaltet wird, eine Quelle großer Kraft und Heilung sein kann.

Wir sind spirituelle Wesen, die eine menschliche Erfahrung machen. Unsere physische Existenz mag endlich sein, aber unsere Seele ist unendlich. Ich bin davon überzeugt, dass unser wahres Wesen über das Materielle hinausgeht und wir Teil eines viel größeren, ewigen Universums sind. Es gibt zahlreiche Berichte über Reinkarnationen und Erfahrungen, die darauf hinweisen, dass unser Bewusstsein über den Tod hinaus weiterbesteht. Die Stimme ist eine Brücke zwischen den sichtbaren und unsichtbaren Welten, zwischen dem Materiellen und dem Spirituellen. In vielen spirituellen Traditionen wird sie genutzt, um zu heilen, zu transformieren und zu erleuchten. Von den schamanischen Gesängen Sibiriens über die liturgischen Choräle Europas bis hin zu den mantraartigen Gesängen Indiens – die Stimme hat die Macht, Gemeinschaften zu vereinen und den Einzelnen mit dem Göttlichen zu verbinden. Dieses universelle Vermächtnis der Stimme ist ein Zeugnis ihrer tiefgreifenden Wirkung auf den menschlichen Geist.

Es ist für mich schön mitzuerleben, dass endlich die Wissenschaft und Spiritualität beginnen, Hand in Hand zu gehen. Forschungen in den Bereichen Psychoakustik und Neurologie haben gezeigt, dass das Singen und Chanten positive Auswirkungen auf die Gesundheit haben kann, wie zum Beispiel die Verringerung von Stress, die Verbesserung der Stimmung und sogar die Stärkung des Immunsystems. Diese wissenschaftlichen Erkenntnisse stärken die Brücke zwischen alter Weisheit und modernem Verständnis und eröffnen neue Wege, wie wir die Stimme für unsere spirituelle und körperliche Gesundheit nutzen können.

Dieses Buch ist eine Einladung an dich, die tiefe und bereichernde Praxis der Stimmarbeit zu erkunden. Durch theoretische Einblicke, praktische Übungen und persönliche Geschichten wirst du lernen, wie du deine eigene Stimme als Werkzeug für deine spirituelle Reise nutzen kannst. Egal, ob du ein Anfänger bist, der neugierig auf die Möglichkeiten der Stimmarbeit ist, oder ein erfahrener Praktizierender, der seine Praxis vertiefen möchte – dieses Buch bietet dir die Ressourcen, die du benötigst, um deine Stimme in einer Weise zu entfalten, die nicht nur dein eigenes Leben, sondern auch das deiner Gemeinschaft bereichern kann.

Kapitel 1: Stimme das spirituelle Echo der Menschheit

Die menschliche Stimme, diese einzigartige und mächtige Ressource, die jedem Einzelnen zur Verfügung steht, ist weit mehr als ein bloßes Mittel zur verbalen Kommunikation. Sie fungiert als Echo unserer tiefsten inneren Wahrheiten und agiert als ein Spiegel der Seele. In diesem Kapitel unternehmen wir einen Streifzug durch die Geschichte und verschiedenen Kulturen und erfahren wie die Stimme den Menschen bereicherte und auch weiterhin bereichert. Du wirst entdecken, wie die Stimme in verschiedenen Teilen der Welt und in spirituellen Traditionen genutzt wird, um Verbindung, Heilung und Transformation zu fördern.

Zunächst möchte ich den Begriff ‚Spiritualität' erklären, wie ich ihn hier verwende, denn Spiritualität ist ein weit gefasster Begriff, der oft unterschiedlich interpretiert wird. Grundsätzlich bezieht sich Spiritualität auf die Suche nach einem tieferen Sinn und Zweck im Leben. Es geht um die Verbindung mit etwas Größerem als uns selbst, sei es das Universum, das Göttliche, oder unser inneres Selbst. Spiritualität umfasst oft Praktiken, die darauf abzielen, diese Verbindung zu stärken, wie Meditation, Gebet, Achtsamkeit und andere Formen der inneren Reflexion.

Wir werden eine kleine Reise durch die Zeit unternehmen und über Kontinente hinweg reisen, um die universellen, aber dennoch einzigartigen Wege zu erkunden, auf denen die menschliche Stimme als ein zentrales Werkzeug spiritueller Erkenntnis eingesetzt wird.

Dabei betrachten wir, wie unterschiedliche Kulturen die Stimme in ihren rituellen, therapeutischen und künstlerischen Praktiken einsetzen und welche Bedeutung sie diesen Begebenheiten beimessen. Durch die Betrachtung von historischen Beispielen bis hin zu zeitgenössischen Anwendungen wirst du verstehen lernen, wie tiefgreifend die Stimme als Verbindung zwischen dem Individuum und dem Kollektiven, zwischen dem Irdischen und dem Spirituellen dient. Wir werden untersuchen, wie Gesänge und Klangtherapien nicht nur die Seele berühren, sondern auch physische und emotionale Heilungsprozesse unterstützen können.

Die Stimme in der Antike

Unsere Reise in die Macht und Mystik der menschlichen Stimme beginnt in den weit zurückreichenden Zeiten der Antike[1], einer Epoche, in der die Stimme nicht nur weltliches Kommunikationsmittel war; sie war ein heiliges Werkzeug, das die Grenzen des

---

1 *Die Antike bezieht sich auf eine lange historische Periode, die sich von etwa 1200 v. Chr. bis etwa 500 n. Chr. erstreckt. Sie beginnt mit dem Aufstieg der griechischen Stadtstaaten und der Entwicklung der römischen Zivilisation und endet mit dem Fall des Weströmischen Reiches. Diese Epoche ist besonders bekannt für ihre kulturellen, politischen und sozialen Errungenschaften, die einen tiefgreifenden Einfluss auf die Entwicklung der westlichen Zivilisation hatten. Ägypten spielt eine zentrale Rolle in der Geschichte der Antike, vor allem durch seine lange und einflussreiche Zivilisationsgeschichte, die bereits lange vor dem Beginn der klassischen Antike einsetzte. Die ägyptische Zivilisation entstand um 3100 v. Chr. mit der Vereinigung der oberen und unteren Landesteile unter dem ersten Pharao und entwickelte sich über Jahrtausende hinweg.*

Menschlichen überschritt. Natürlich wurde die Stimme zu vielerlei Zwecken schon viel früher eingesetzt, nämlich seit Menschenbeginn. Doch wir beginnen nun in der Antike, und da schauen wir zunächst nach Ägypten, das in seiner kulturellen Entwicklung im Vergleich zu Griechenland oder dem römischen Reich in dieser Zeit weit voraus war. In den mystischen Ritualen des alten Ägyptens spielten Gesänge eine entscheidende Rolle. Diese heiligen Melodien wurden nicht nur genutzt, um die Götter zu ehren und anzurufen, sondern auch, um den Verstorbenen auf ihrem Weg ins Jenseits Beistand zu leisten. Klangvolle Zeremonien schufen eine Brücke zwischen der irdischen Existenz und dem göttlichen Reich, wobei jeder Ton und jede Melodie tief in der kollektiven Seele der Gemeinschaft verankert war. Die alten Ägypter glaubten fest an die transformative Kraft der Stimme. Sie setzten sie ein, um magische Formeln und Beschwörungen zu rezitieren, die sowohl Schutz als auch Heilung bringen sollten. Der Hohepriester, der oft als Medium zwischen den Menschen und den Göttern[2] fungierte, benutzte seine Stimme, um die kosmische Ordnung (Ma'at) aufrechtzuerhalten und das Gleichgewicht zwischen Chaos und Harmonie zu sichern. Auch im täglichen Leben der Ägypter war die Stimme von zentraler Bedeutung. Arbeitslieder koordinierten die Anstrengungen beim Bau monumentaler Strukturen wie den Pyramiden, während Wiegenlieder die jüngsten Mitglieder der Gesellschaft beruhigten und in den Schlaf wiegten. Diese alltäglichen Anwendungen der Stimme zeigten, wie tief verwurzelt und allgegenwärtig ihre Bedeutung war. Die

---

[2] *Siehe Hornung, E. (1999). The Ancient Egyptian Books of the Afterlife. Cornell University Press. Wilkinson, R. H. (2003). The Complete Gods and Goddesses of Ancient Egypt. Thames & Hudson*

Bedeutung der Stimme in religiösen und magischen Praktiken wird in zahlreichen archäologischen Funden und historischen Texten dokumentiert. In den Pyramidentexten, einer Sammlung von religiösen Inschriften aus der Zeit des Alten Agyptens, finden sich zahlreiche Hinweise auf die rituelle Verwendung der Stimme[3]. Ebenso beschreibt Geraldine Pinch in ihrem Werk ‚Magic in Ancient Egypt' die Rolle von gesungenen Zaubersprüchen und Beschwörungen.[4]

Weiter westlich, in den mystischen Landschaften Griechenlands, offenbarte sich die Macht der Stimme in beeindruckender Weise in den Orakeln von Delphi. Die Orakelstätte Delphi war eines der bedeutendsten religiösen Zentren der antiken griechischen Welt und galt als der Nabel der Welt (Omphalos). Hier, am Fuße des Parnassus, stand der Tempel des Apollon, in dem die Priesterinnen, bekannt als Pythia, ihre prophetischen Stimmen erhoben. Diese Priesterinnen nutzten ihre Stimmen, um Prophezeiungen zu verkünden, die von den Griechen als direkte Botschaften der Götter, insbesondere des Gottes Apollon, angesehen wurden. Die Weissagungen der Pythia waren tief in rituelle Praktiken eingebettet und wurden oft in Trancezuständen oder ekstatischen Zuständen geäußert. Die Pythia, deren Stimme als Medium zwischen den Sterblichen und den Göttern fungierte, wurde von Priestern begleitet, die ihre rätselhaften Äußerungen interpretierten und für die Fragenden verständlich

---

[3] *Siehe Faulkner, R. O. (1969). The Ancient Egyptian Pyramid Texts, Oxford: Clarendon Press.*

[4] *Siehe Pinch, G. (1994). Magic in Ancient Egypt. Austin: University of Texas Press.*

machten. Die klangvollen Weissagungen waren nicht nur für den Ratsuchenden von enormer Bedeutung, sondern beeinflussten auch die gesamte griechische Kultur. Ihre Vorhersagen hatten weitreichende Konsequenzen und konnten sowohl politische Entscheidungen als auch persönliche Schicksale tiefgreifend beeinflussen. Viele bedeutende historische Ereignisse und Entscheidungen wurden in Übereinstimmung mit den Vorhersagen des delphischen Orakels getroffen. Beispielsweise suchten Stadtstaaten vor wichtigen militärischen Unternehmungen oder politischen Entscheidungen häufig den Rat des Orakels, was die hohe Stellung und den Einfluss der delphischen Weissagungen in der griechischen Gesellschaft verdeutlicht. Die Bedeutung des Orakels von Delphi und der Macht der Stimme in diesem Kontext wird auch durch zahlreiche literarische und historische Quellen belegt, die die zentrale Rolle der Pythia und ihrer Prophezeiungen in der griechischen Antike hervorheben. Diese Quellen schildern die Ehrfurcht und den Respekt, den die Menschen gegenüber den

Weissagungen hatten, und unterstreichen die mystische und heilige Atmosphäre, die Delphi umgab.[5]

Wenn es auch nur wenige Beispiel sind, so zeigen diese antiken Praktiken beispielhaft und wie ich finde auch eindrucksvoll, wie die menschliche Stimme als mächtige Brücke zwischen den Menschen und dem Göttlichen diente – eine Verbindung, die tief in der menschlichen Erfahrung verwurzelt ist und das Wesen unserer Existenz berührt. Durch die Stimme wurden nicht nur Botschaften übermittelt, sondern auch eine tiefere, fast magische Verbindung zur Welt des Unsichtbaren geknüpft, die das Menschliche transzendiert und in das Reich des Spirituellen übergeht. Doch diese Praktiken gehören nicht ausschließlich der Vergangenheit an. Die Macht der Stimme und vor allem ihre spirituelle Anbindung zum Großen und

---

[5] *Hierzu gibt es viele spannende Quellen. Ich will nur einige nennen:*
- *Homer, Ilias – In Homers Werk wird Delphi mehrfach als bedeutende religiöse Stätte erwähnt.*
- *Herodot, Historien – Herodot beschreibt in seinen Historien ausführlich die Bedeutung des Orakels von Delphi für die griechische Welt.*
- *Plutarch, Moralia – Plutarch, selbst ein Priester in Delphi, bietet in seinen Moralia tiefe Einblicke in die Praktiken und die Bedeutung der delphischen Prophezeiungen.*
- *Pausanias, Beschreibung Griechenlands – Pausanias liefert detaillierte Beschreibungen der Orakelstätte und ihrer Bedeutung.*
- *Deutsches Archäologisches Institut – Das DAI bietet zahlreiche Publikationen und Forschungsergebnisse zur archäologischen und kulturellen Bedeutung von Delphi.*

Weiterführende Literatur:
Sinn, Ulrich (2016) Das Orakel von Delphi: Die Geschichte einer antiken Kultstätte. Bielfeldt, Ruth und Stadler, Martin (2009). Antike Orakel. Griechenland - Rom - Ägypten. Darmstadt: Wissenschaftliche Buchgesellschaft.

Ganzen, zu allem, zum unendlichen Bewusstsein, zur Ewigkeit, wirkt auch heute noch. Hierzu habe ich dir weitere Beispiele mitgebracht.

Die Stimme in östlichen Traditionen

Weiter östlich, in den tiefen spirituellen Traditionen Indiens, entfaltet sich die geheimnisvolle Welt des Mantra-Gesangs, einer Praxis, die seit Jahrtausenden als zentral für die Erweiterung des Bewusstseins und die Vertiefung der Verbindung zum Universum angesehen wird. Mantras, bestehend aus heiligen Silben oder Versen, werden in Meditationen wiederholt und fungieren als Schlüssel zum Öffnen der Türen zur inneren Weisheit und zur universellen Essenz des Seins. Die Ursprünge der Mantras reichen weit in die vedische Zeit zurück, etwa 1500 bis 500 v. Chr., als sie erstmals in den heiligen Texten der Veden, insbesondere im Rigveda, dokumentiert wurden. Diese frühen Texte sind die ältesten Schriften der indogermanischen Sprachfamilie und bilden die Grundlage der spirituellen und philosophischen Traditionen Indiens.[6] Mantras wurden von den vedischen Sehern (Rishis) durch göttliche Inspiration empfangen und waren integraler Bestandteil der rituellen Praxis, um die Götter zu verehren und das kosmische Gleichgewicht zu erhalten. Das berühmte Mantra „Om', oft als der Klang des Universums beschrieben, verkörpert diese alles verbindende Kraft und ist ein tiefes Symbol für die Einheit, die in allem Existierenden zu finden ist.

---

6 Siehe weiterführend auch: Klostermaier, Klaus K. (1994) Indische Philosophie und Religionen: Von den Veden bis Gandhi. Darmstadt: Wissenschaftliche Buchgesellschaft.

„Om' gilt als das ursprüngliche Mantra, das den gesamten Kosmos durchdringt. Es ist in vielen spirituellen Praktiken und religiösen Texten zu finden, darunter die Upanishaden und die Bhagavad Gita, wo es als höchste und heiligste Silbe verehrt wird. Mantras sind weit mehr als nur Worte; sie tragen die Schwingungen und Energien, die das Bewusstsein verändern können. Die Praxis des Chantens oder Meditierens mit Mantras ermöglicht es den Praktizierenden, einen Zustand tiefer Meditation und spiritueller Verbindung zu erreichen. Diese Praxis hat sich über Jahrtausende hinweg entwickelt und ist auch heute noch ein zentraler Bestandteil vieler spiritueller Traditionen und Meditationspraktiken weltweit.

Kirtan, eine tief verwurzelte und hochgeschätzte Praxis in Indien, bringt die spirituelle Kraft des Gesangs in einer gemeinschaftlichen Umgebung zum Ausdruck. Diese Form des devotionalen Gesangs, bei der antike Sanskrit-Mantras und göttliche Namen im Wechselgesang zwischen einem Vorsänger und einer Gruppe gesungen werden, fördert nicht nur die individuelle, sondern auch die kollektive Meditation und spirituelle Erhebung. Die Wurzeln des Kirtan liegen in der Bhakti-Bewegung, die im Mittelalter in Indien entstand und sich der liebenden Hingabe an das Göttliche widmete. Bhakti-Yoga, der Pfad der Hingabe, betont die persönliche Beziehung zu einer Gottheit durch Lieder, Gebete und Rituale. Der Kirtan entwickelte sich als Ausdruck dieser Hingabe und diente als Mittel, um das Göttliche durch Musik und Gesang zu ehren.

Ein typischer Kirtan besteht aus einem Vorsänger (Kirtankar), der die Mantras, Hymnen oder göttlichen Namen anstimmt, und einer Gruppe von Teilnehmern, die diese Gesänge im Wechsel wiederholen. Dieser Call-and-Response-Stil (Ruf-und-Antwort) fördert eine tiefe Verbindung und Synchronisation innerhalb der Gruppe. Die Mantras, die oft aus alten Sanskrit-Texten stammen, tragen spirituelle Bedeutungen und Schwingungen, die das Herz und den Geist der Teilnehmenden öffnen und reinigen sollen. Kirtan ist durch seine rhythmischen Melodien und harmonischen Chöre gekennzeichnet, die von verschiedenen traditionellen indischen Instrumenten begleitet werden, wie zum Beispiel Harmonium, Handtrommeln, Handzimbeln etc. Diese Instrumente tragen zur Schaffung einer meditativen und spirituellen Atmosphäre bei, die das kollektive Bewusstsein erhöht und die Herzen der Teilnehmenden öffnet. Kirtan schafft eine tiefe Verbindung zwischen den Teilnehmenden und dem Göttlichen durch die kraftvolle Kombination von Rhythmus und Melodie. Diese Praxis kann das Herz öffnen, das Bewusstsein erweitern und ein Gefühl der Einheit und Gemeinschaft schaffen. Es geht dabei nicht nur um das Singen an sich, sondern um das Erleben eines gemeinsamen spirituellen Raumes, in dem individuelle Grenzen verschwimmen und ein kollektives spirituelles Erlebnis entsteht. Diese Form des Gesangs hat eine transformative Kraft, die sowohl spirituelle als auch emotionale Heilung fördern kann. Die Wiederholung der Mantras hilft, den Geist zu fokussieren und zu beruhigen, und ermöglicht es den Teilnehmenden, tief in ihre Meditation einzutauchen. Viele berichten von Gefühlen tiefer Freude, Frieden und Verbundenheit während und nach einem Kirtan.[7]

Obwohl Kirtan seine Ursprünge in den traditionellen Tempeln Indiens hat, hat diese Praxis auch in der modernen Welt eine bedeutende Verbreitung gefunden. Kirtan-Sessions werden heute in Yoga-Studios, Meditationszentren und sogar auf internationalen Musikfestivals durchgeführt. Diese universelle Anziehungskraft zeigt, dass die musikalische Hingabe und die spirituelle Gemeinschaft, die Kirtan bietet, über kulturelle und religiöse Grenzen hinweg wirken können. In vielen modernen Yoga-Studios weltweit wird Kirtan als Teil der spirituellen Praxis integriert, oft in Kombination mit Yoga-Übungen und Meditation. Diese Praxis wird von Menschen aller Altersgruppen und Hintergründe geschätzt und unterstützt, was die zeitlose und universelle Relevanz der musikalischen Hingabe und der spirituellen Gemeinschaft unterstreicht.

Hoch in den Bergen Tibets entdecken wir eine weitere außergewöhnliche Facette des spirituellen Gesangs – das Obertonsingen. Diese beeindruckende Klangpraxis, ausgeführt von tibetischen Mönchen, hebt sich durch ihre Fähigkeit hervor, mehrere Töne gleichzeitig zu erzeugen. Die Technik des Obertonsingens, auch als Kehlgesang bekannt, verleiht den Gesängen eine mystische und hypnotisierende Qualität, die sowohl die Zuhörer als auch die Sänger

---

7 Siehe auch Schelling, Andrew (1992) Bhakti: The Path of Devotion. Delhi: Shambhala Publications. Und Klostermaier, Klaus K. (1994) Indische Philosophie und Religionen: Von den Veden bis Gandhi. Darmstadt: Wissenschaftliche Buchgesellschaft.

selbst in meditative Zustände tiefer Trance und erhöhten Bewusstseins versetzt. Obertonsingen erfordert außergewöhnliche Kontrolle. Die Mönche trainieren jahrelang, um diese Kunst zu meistern, indem sie ihre Stimmbänder so schulen, dass sie gleichzeitig einen Grundton und mehrere Obertöne erzeugen können. Dies führt zu einem polyphonen Effekt, bei dem eine einzelne Stimme wie ein Ensemble klingt. Das Obertonsingen dient den Mönchen nicht nur als beeindruckende Demonstration vokaler Fähigkeiten, sondern auch als kraftvolles spirituelles Werkzeug. Durch die Erzeugung der harmonischen Obertöne schaffen sie eine Klanglandschaft, die das Bewusstsein erweitern und die Meditation vertiefen kann. Der Klang der Obertöne wird als heilend und transformativ angesehen, da er sowohl Körper als auch Geist in Einklang bringt.[8] Die hypnotische Qualität des Obertonsingens hat eine tief beruhigende Wirkung auf die Zuhörer. Die komplexen Klänge können den Geist beruhigen und in einen Zustand tiefer Meditation versetzen. Für die Sänger selbst ist der Prozess ebenso transformativ, da er ihnen hilft, eine tiefere Einsicht in die Natur des Daseins zu erlangen. Das Singen der Obertöne wird als Methode zur Öffnung des Herzens und zur Verbindung mit dem inneren Selbst und dem Universum betrachtet. Obertonsingen hat tiefe Wurzeln in der tibetischen Kultur und ist ein integraler Bestandteil vieler ritueller Praktiken. Die Technik wurde über Generationen hinweg weitergegeben und ist ein Ausdruck der reichen spirituellen Tradition

---

[8] *Siehe auch Levin, Ted (2006) Where Rivers and Mountains Sing: Sound, Music, and Nomadism in Tuva and Beyond.. Bloomington: Indiana University Press. Siehe auch Levetin, Daniel J. (2006) This Is Your Brain on Music: The Science of a Human Obsession. New York: Dutton Penguin.*

Tibets. Es wird oft in religiösen Zeremonien verwendet, um heilige Texte zu rezitieren und spirituelle Energien zu mobilisieren.

Im Sufitum, einer mystischenTradition des Islams, die vor allem im Nahen und Mittleren Osten sowie in Teilen Südasiens praktiziert wird, nimmt der Gesang ebenfalls eine zentrale Rolle ein. Diese mystische Tradition strebt nach einer tiefen und direkten Verbindung mit Gott, und der Gesang ist eines der Mittel, um diese Verbindung zu vertiefen und spirituelle Ekstase zu erreichen. Die Sufis verwenden Musik und Gesang als wesentliche Bestandteile ihrer spirituellen Praktiken. Eine der bekanntesten Formen des sufitischen Gesangs ist das Qawwali, eine intensive musikalische Darbietung, die darauf abzielt, die Zuhörer in einen Zustand spiritueller Ekstase zu versetzen. Qawwali ist tief in der Kultur und Geschichte des Sufismus verwurzelt und wird häufig bei religiösen Zusammenkünften, sogenannten Mehfil-e-Sama, aufgeführt. Sie ist eine komplexe und emotionale Kunstform, die poetische Lobpreisungen des Göttlichen, Hymnen und Gebete beinhaltet. Diese werden oft in Urdu, Punjabi, Persisch und anderen regionalen Sprachen gesungen. Ein typischer Qawwali-Auftritt besteht aus mehreren Elementen:

- Vorsänger (Qawwal): Der Hauptsänger, der die Melodie und die Texte anführt.
- Chor: Eine Gruppe von Sängern, die den Vorsänger unterstützt und im Wechselgesang antwortet.
- Musikalische Begleitung: Traditionelle Instrumente wie Harmonium, Tabla und Dholak, die rhythmische und melodische Unterstützung bieten.

- Handklatschen und Tanz: Die Aufführungen werden oft von Handklatschen und rhythmischen Bewegungen begleitet, die die Energie und Dynamik des Gesangs verstärken.

Qawwali ist nicht nur eine Form der Lobpreisung, sondern dient auch als kraftvolles Mittel zur Reinigung der Seele. Die Texte der Qawwali-Lieder sind oft tief spirituell und poetisch, sie preisen die Liebe zu Gott, die Sehnsucht nach göttlicher Vereinigung und die Hingabe an das Göttliche. Durch die Wiederholung und Intensität der Darbietung kann Qawwali die Zuhörer in einen Zustand tiefer Meditation und spiritueller Verzückung führen. Dieser Zustand wird als *Hal* bezeichnet, eine spirituelle Erfahrung, die die Trennung zwischen dem Individuum und dem Göttlichen aufhebt. In Verbindung mit dem Gesang spielt auch der ekstatische Tanz, bekannt als *Raqs* oder *Whirling Dervishes*, eine bedeutende Rolle im Sufitum. Diese Form des Tanzes, insbesondere bekannt durch die Mevlevi-Ordnung[9] in der Türkei, ist eine körperliche Manifestation der spirituellen Reise und dient dazu, das Bewusstsein zu erweitern und die Verbindung zu Gott zu vertiefen. Der rotierende Tanz symbolisiert das Kreisen der Planeten um die Sonne und die konstante Suche nach dem Zentrum der göttlichen Liebe.[10] An dieser

---

[9] *Oft auch als Mevlevi-Derwisch-Orden oder Orden der tanzenden Derwische bekannt, ist eine Sufi-Ordensgemeinschaft, die im 13. Jahrhundert in der heutigen Türkei gegründet wurde. Ihr Gründer ist Jalal ad-Din Muhammad Rumi, ein berühmter persischer Dichter und Mystiker.*

[10] *Siehe weiterführend: Schimmel, Annemarie (1975). Mystical Dimensions of Islam. Chapel Hill: University of North Carolina Press.Qureshi, Regula Burckhardt (1986). Sufi Music of India and Pakistan: Sound, Context and Meaning in Qawwali. Cambridge: Cambridge University Press.*

Stelle sollen zwei Namen genannt werden. Zum einen ist es Hazrat Inayat Khan, der vielen in den Sinn kommt, wenn es um Sufitum geht, und zum anderen Nusrat Fateh Ali Khan. Hazrat Inayat Khan ist nicht direkt mit der Praxis des Qawwali verbunden. Er war vor allem bekannt für seine Rolle als Sufi-Meister, Musiker und Begründer des internationalen Sufi-Ordens im Westen. Seine musikalischen Aktivitäten konzentrierten sich eher auf klassische indische Musik und die spirituelle Bedeutung von Musik im Allgemeinen, anstatt auf die spezifische Praxis des Qawwali, die eine besondere Form des devotionalen Gesangs ist, vor allem in der Chishti-Sufi-Ordnung, die insbesondere in Südasien verbreitet ist. Nusrat Fateh Ali Khan, ein herausragender Qawwali-Sänger und Musiker, war ein Meister dieser Kunstform. Er entstammte einer Familie von Qawwals, und seine Karriere war geprägt von außergewöhnlicher musikalischer Innovation und spiritueller Tiefe.

Auch diese Beispiele der östlichen Traditionen zeigen uns, wie die Stimme als kraftvolles Instrument zur spirituellen Erleuchtung und als Brücke zur kosmischen Ordnung genutzt wird. So trägt jedes Mantra, jeder Ton die Schwingungen der Weisheit und vermag es, die Tore zu einer tiefen universellen Verbindung zu öffnen.

Die Stimme in westlichen Traditionen

Die keltische Tradition in der westlichen Musik und im Gesang bietet eine faszinierende Perspektive auf die Nutzung der Stimme in spirituellen und gesellschaftlichen Kontexten. Obwohl direkte schriftliche Überlieferungen aus der keltischen Zeit rar sind, geben archäologische Funde und spätere Aufzeichnungen Einblick in eine reiche und vielfältige musikalische Kultur. Die Kelten waren bekannt für ihre tiefen spirituellen Überzeugungen und ihre enge Verbindung zur Natur. Musik und Gesang spielten eine bedeutende Rolle in ihrem Alltag und ihren rituellen und zeremoniellen Praktiken. Zu den wichtigsten Musikinstrumenten der Kelten zählten: Harfe, Flöte, Trommeln und Horn. Gesang war ein wesentlicher Bestandteil der keltischen Kultur. Es wird angenommen, dass Gesänge oft improvisiert und eng mit Erzählungen und poetischen Dichtungen verbunden waren.[11] Diese Gesänge dienten nicht nur zur Unterhaltung, sondern hatten auch eine tiefe spirituelle und soziale Funktion:

- Rituelle Gesänge: In religiösen und spirituellen Zeremonien wurden Gesänge verwendet, um die Götter zu ehren und die Verbindung zur Natur zu stärken. Diese Gesänge waren oft Bestandteil von Opfergaben und Festen.
- Erzählende Gesänge: Barden und Dichter nutzten Gesang, um die Geschichte und Mythen ihres Volkes weiterzugeben. Diese epischen Erzählungen waren wichtig für die kulturelle Identität der Kelten und wurden oft von Harfenmusik begleitet.
- Gesellschaftliche Zusammenkünfte: Bei Festen und gesellschaftlichen Zusammenkünften spielte der Gesang eine zentrale Rolle, um die Gemeinschaft zu stärken und Freude zu verbreiten.

---

[11] *Siehe auch Ralls-MacLeod, Karen, and J. Patrick Thomas (2000). Music and the Celtic Otherworld: From Ireland to Iona. Edinburgh: Edinburgh University Press.*

Die römische Musik bietet ebenfalls eine spannende Perspektive auf die Nutzung von Gesang und Instrumenten in spirituellen und gesellschaftlichen Kontexten. Obwohl direkte Notationen aus der römischen Zeit rar sind, geben literarische Quellen, archäologische Funde und bildliche Darstellungen Einblick in eine reiche musikalische Kultur. Die Römer, bekannt für ihre Vorliebe für Feste und öffentliche Spiele, nutzten Musik und Gesang nicht nur zur Unterhaltung, sondern auch in religiösen und staatlichen Zeremonien. Im spirituellen Kontext spielte Musik eine zentrale Rolle in den römischen Tempelritualen und religiösen Festen. Chorgesänge wurden oft in Tempeln und bei Prozessionen dargeboten, um die Götter zu ehren und religiöse Zeremonien zu begleiten. Diese Gesänge waren häufig einstimmig und basierten auf einfachen melodischen Linien, die leicht zu merken und zu wiederholen waren. Die Texte der Gesänge waren in Latein und oft mythologisch oder liturgisch geprägt, was dazu beitrug, die sakrale Atmosphäre der Rituale zu verstärken. Instrumente wie die Lyra und die Tibia begleiteten die Gesänge und verstärkten deren Wirkung. Die Lyra, ein Saiteninstrument, wurde oft verwendet, um die melodischen Linien der Gesänge zu unterstützen, während die Tibia, ein Doppelrohrblattinstrument, eine festliche und feierliche Klangfarbe hinzufügte. Solche musikalischen Darbietungen waren eng mit der römischen Religion verbunden, die stark von griechischen und etruskischen Einflüssen geprägt war. Die römischen Priester, besonders die Flamen und die Vestalinnen,[12] hatten spezielle Lieder und Gesänge für verschiedene Rituale und Festlichkeiten. Diese liturgischen Gesänge dienten dazu, die Götter zu besänftigen, die Gemeinschaft zu einen und die religiösen Überlieferungen lebendig zu halten. Literarische Werke von Autoren wie Cicero und Horaz sowie technische Schriften von Boethius liefern zusätzliche Einblicke in die römische Musikkultur und deren spirituelle Bedeutung.

Als weiterer wesentlicher Bestandteil der westlichen musikalischen Tradition sei beispielhaft der gregorianische Choral genannt. Diese Form des Kirchengesangs, die ihren Ursprung im frühen Mittelalter hat, ist geprägt durch monophone, also einstimmige Melodien, die in lateinischer Sprache gesungen werden. Der gregorianische Choral war primär für die Liturgie bestimmt und zielte darauf ab, die Sakralität des Textes und seine spirituelle Bedeutung zu verstärken. Diese Art des Gesangs wird oft als meditativ und transzendent beschrieben, da er eine Atmosphäre schafft, die den Gläubigen hilft, sich auf das Göttliche zu konzentrieren und inneren Frieden zu finden. Der gregorianische Choral entwickelte sich im frühen Mittelalter, ungefähr im 9. und 10. Jahrhundert, und wurde nach Papst Gregor I. benannt, obwohl die genaue Rolle Gregors in der Entwicklung dieser Musikform historisch umstritten ist. Der Choral

---

[12] *Die Flamen und Vestalinnen waren zentrale Figuren im religiösen Leben des antiken Roms. Während die Flamen spezifischen Göttern geweiht waren und deren Rituale durchführten, waren die Vestalinnen für den Kult der Göttin Vesta (Göttin des Feuers) und die Bewahrung des heiligen Feuers verantwortlich. Beide Gruppen spielten entscheidende Rollen in den spirituellen und gesellschaftlichen Praktiken der Römer und trugen zur Aufrechterhaltung der religiösen Traditionen und der heiligen Ordnung bei.*

basiert auf den liturgischen Gesängen der christlichen Kirche und wurde über Jahrhunderte hinweg systematisiert und standardisiert. Wie bereits angedeutet, ist der gregorianische Choral monophon, was bedeutet, dass alle Sänger die gleiche Melodie in unisono singen, ohne harmonische Begleitung. Diese Einfachheit dient der Klarheit des Textes und der spirituellen Wirkung der Musik. Die Gesänge sind in lateinischer Sprache verfasst, der liturgischen Sprache der römisch-katholischen Kirche, was zur sakralen Atmosphäre beiträgt.

Der gregorianische Choral wurde entwickelt, um die spirituelle Erfahrung der Gläubigen zu vertiefen. Durch seine schlichte, aber ausdrucksstarke Melodik schafft er eine Atmosphäre der Ruhe und Konzentration. Diese Musik dient als Mittel zur Meditation und Reflexion, indem sie die Hörer in einen Zustand inneren Friedens und spiritueller Erhebung versetzt. Die repetitive und melodiöse Natur des gregorianischen Chorals fördert einen Zustand der Meditation, in dem sich die Gläubigen auf das Gebet und die Anbetung konzentrieren können. Die schwebenden Melodien und die heilige Sprache des Chorals vermitteln eine transzendente Erfahrung, die die Gläubigen näher an das Göttliche heranführt. Innerhalb der Liturgie verstärkt der gregorianische Choral die Bedeutung der heiligen Texte und unterstützt die geistliche Atmosphäre des Gottesdienstes.[13] Auch in der heutigen modernen Zeit hat der gregorianische Choral eine bedeutende Anziehungskraft. Er wird nicht nur in der liturgischen Praxis verwendet, sondern auch in Konzerten und Aufnahmen, wo seine meditative und beruhigende

---

[13] *Siehe weiterführend: Gölz, Werner (1970), Gregorianischer Choral: Studien zur Geschichte und Kunst der einstimmigen Liturgiegesänge der abendländischen Kirche.* Kassel: Bärenreiter.

Wirkung geschätzt wird. Viele Menschen finden in dieser alten Musikform eine Quelle der Ruhe und spirituellen Inspiration.

An dieser Stelle seien auch die Solfeggio-Frequenzen genannt. Sie sind eine Gruppe spezifischer Töne, die in der Musiktherapie und in manchen spirituellen Traditionen verwendet werden, um Heilung und spirituelles Wachstum zu fördern. Ursprünglich wurden diese Frequenzen in gregorianischen Chorälen verwendet, um eine tiefe psychologische und spirituelle Wirkung bei den Zuhörern zu erzeugen. Es wird angenommen, dass jeder Ton der Solfeggio-Skala spezifische Schwingungen besitzt, die mit verschiedenen physischen, emotionalen und spirituellen Aspekten des Menschen korrespondieren.

Die bekanntesten Solfeggio-Frequenzen umfassen:
1. UT – 396 Hz – Befreiung von Schuld und Angst. Diese Frequenz hilft, negative Emotionen und Blockaden zu lösen, und fördert ein Gefühl der Befreiung.
2. RE – 417 Hz – Umkehr von Situationen und Erleichterung von Veränderungen. Diese Frequenz unterstützt bei Übergängen und Transformationen und hilft, Veränderungen leichter zu akzeptieren.
3. MI – 528 Hz – Transformation und Wunder (DNA-Reparatur). Bekannt als die ‚Wunderfrequenz', wird angenommen, dass sie die DNA-Reparatur fördert und tiefgreifende Veränderungen bewirken kann.
4. FA – 639 Hz – Beziehungsförderung, Gemeinschafts- und Beziehungsstärkung. Diese Frequenz verbessert die

Kommunikation und Harmonie in zwischenmenschlichen Beziehungen.

5. SOL – 741 Hz – Problemlösung und Reinigung. Diese Frequenz unterstützt dabei, Probleme zu lösen und den Körper von Giftstoffen zu reinigen.
6. LA – 852 Hz – Erwachen der Intuition und Rückkehr zur spirituellen Ordnung. Diese Frequenz fördert die intuitive Wahrnehmung und das spirituelle Bewusstsein.

Diese Töne wurden in den Melodien der gregorianischen Choräle eingebettet, wobei die Kirche möglicherweise schon früh erkannt hat, dass diese Frequenzen eine besondere und starke Wirkung auf den menschlichen Geist und Körper haben. Der Gesang dieser Frequenzen, oft in der kontemplativen und meditativen Umgebung von Kirchen und Kathedralen, verstärkt die spirituelle Atmosphäre und kann dazu beitragen, die Zuhörer auf eine tiefere spirituelle Ebene zu führen. Die Solfeggio-Frequenzen wurden vor allem durch Dr. Joseph Puleo und Dr. Leonard Horowitz wieder ins Bewusstsein der Menschen gebracht. In den 1970er Jahren entdeckte Dr. Joseph Puleo die Frequenzen, als er in der Bibel und in alten liturgischen Gesängen forschte. Er berichtete, dass die Solfeggio-Frequenzen in einer alten Hymne verborgen waren und benutzte die pythagoreische Reduktionsmethode, um sie zu entschlüsseln. Dr. Leonard Horowitz, ein bekannter Autor und Forscher, trug ebenfalls dazu bei, diese Frequenzen populär zu machen. In seinem Buch 'Healing Codes for the Biological Apocalypse' beschreibt er die Geschichte und die möglichen Heilwirkungen dieser Frequenzen. Durch ihre gemeinsamen Bemühungen wurden die Solfeggio-Frequenzen wieder in das Bewusstsein der Menschen gebracht und finden heute Anwendung in verschiedenen Bereichen der Musiktherapie, Meditation und alternativen Heilmethoden. Ihr Ansatz und die Vorstellung, dass diese Frequenzen heilende Eigenschaften besitzen, haben in der alternativen Gesundheitsgemeinschaft großes Interesse geweckt und dazu geführt, dass viele Menschen sich wieder mit diesen alten Tönen beschäftigen.

Die Verwendung von Solfeggio-Frequenzen in modernen spirituellen Praktiken hat in den letzten Jahren an Popularität gewonnen, wobei viele Menschen berichten, dass das Hören dieser Töne oder das Singen in diesen Frequenzen ihnen geholfen hat, Stress abzubauen, Heilungsprozesse zu unterstützen und eine tiefere meditative Zustände zu erreichen. Die Kombination aus der historischen Bedeutung in den gregorianischen Chorälen und der modernen Anwendung in der Musiktherapie zeigt ebenfalls die anhaltende Relevanz und die transformative Kraft dieser Frequenzen.

Nun lass uns noch einen Blick auf die Chormusik werfen. In der westlichen Kultur ist diese schließlich u. a. tief in den Traditionen der christlichen Kirche verwurzelt. Sie dient nicht nur der ästhetischen Bereicherung des Gottesdienstes, sondern hat auch eine starke soziale und spirituelle Komponente. Durch den gemeinsamen Gesang von Hymnen und Psalmen, die zentrale theologische Konzepte vermitteln, stärkt sie das Gemeinschaftsgefühl und fördert die spirituelle Verbundenheit der Gläubigen. Diese musikalische Praxis bietet weit mehr als nur eine Begleitung liturgischer Texte. Sie ist ein wesentlicher Bestandteil des kultischen Lebens, der die spirituelle

Botschaft intensiviert und die biblischen Schriften für die Gemeinde erlebbar macht. Die in Kirchenräumen erklingenden Melodien und Harmonien schaffen eine Atmosphäre der Andacht, die oft als Verbindung zu einer höheren Wirklichkeit empfunden wird. Die Praxis des Chorgesangs in der Kirche ist weit mehr als nur ein musikalisches Element des Gottesdienstes. Sie ist ein zutiefst spirituelles Erlebnis, das die Herzen der Menschen öffnet und ihre Seelen berührt. Durch den Gesang werden biblische Texte lebendig und die spirituelle Botschaft verstärkt. Die Melodien und Harmonien, die in den Kirchenhallen widerhallen, schaffen eine Atmosphäre der Andacht und der Gemeinschaft, die oft als eine direkte Verbindung zu etwas Größerem empfunden wird. Diese gesungenen Werke sind nicht nur ein Ausdruck des Glaubens, sondern auch ein Mittel zur spirituellen Erneuerung. Sie bieten Trost, Hoffnung und Inspiration für die Lebenswege der Gläubigen. In Momenten des Gesangs kann die Gemeinde gemeinsame Sorgen und Freuden teilen, sich in ihrer Glaubensüberzeugung bestätigt fühlen und eine tiefe, kollektive spirituelle Erfahrung machen. Darüber hinaus stärkt der Chorgesang das Gefühl der Zugehörigkeit und der Identität innerhalb der Gemeinschaft. Er ermöglicht es den Teilnehmenden, über den individuellen Glauben hinaus eine Verbindung herzustellen und fördert ein Gefühl der Einheit und des Zusammenhalts.

Die transformative Kraft der Stimme

Die transformative Kraft der Stimme ist ein Phänomen, das weit über das individuelle Erleben hinausgeht und das Potenzial hat, ganze Gemeinschaften zu erneuern und zu stärken. Wir haben gesehen, dass in vielen Kulturen weltweit die Stimme als ein mächtiges Werkzeug dient, das nicht nur die Seelen der Einzelnen berührt, sondern auch tiefgreifende soziale und spirituelle Transformationen bewirkt.

Betrachten wir zum Beispiel einige afrikanischen Kulturen, in denen der Gesang immer noch eine zentrale Rolle spielt. Hier wird Gesang traditionell eingesetzt, um Geschichten zu erzählen, Geschichte zu bewahren und wichtige Lebensereignisse zu feiern. Diese kollektiven Gesangserlebnisse sind mehr als nur musikalische Darbietungen; sie sind lebendige, atmende Archive der Gemeinschaftsgeschichte und wichtige rituelle Akte, die den sozialen Zusammenhalt stärken. In solchen Momenten wird der Gesang zum Kitt, der die Gemeinschaft zusammenhält, und fördert ein starkes Gemeinschaftsgefühl, das für das soziale Überleben essentiell ist.

In den indigenen Kulturen Amerikas nimmt die Stimme ebenfalls eine wichtige Stellung ein. Hier wird sie unter anderem genutzt, um mit der spirituellen Welt zu kommunizieren und um Heilung und Führung in Zeremonien zu erbitten. Diese Praktiken verdeutlichen, dass die Stimme weit mehr ist als nur ein Mittel zur Kommunikation. Sie ist ein wesentliches Instrument, das nicht nur das spirituelle

Gleichgewicht einer Gemeinschaft bewahren hilft, sondern auch dazu beiträgt, das physische und emotionale Wohlbefinden zu fördern. Durch rituellen Gesang und das Erzählen heiliger Geschichten wird die Stimme zu einem Kanal, durch den Weisheit und heilende Energien fließen und die Gemeinschaft in ihren tiefsten Grundfesten stärken.

Gehen wir nun zum Amazonas. In den dichten Wäldern des Amazonasgebietes spielt zum Beispiel der Schamanengesang immer noch eine zentrale Rolle in den spirituellen und heilenden Praktiken der indigenen Völker. Schamanen verwenden ihre Stimmen, um während zeremonieller Rituale Kontakt zu den Geistern der Natur und der Ahnen aufzunehmen. Diese Gesänge, oft begleitet von Trommeln und anderen rituellen Instrumenten, sind tief verwurzelt in der Überzeugung, dass sie die Kraft haben, Heilung zu bewirken, Schutz zu bieten und Weisheit von transzendenten Wesenheiten zu erhalten. Der Schamanengesang dient nicht nur der Kommunikation mit dem Übernatürlichen, sondern stärkt auch die Bindung innerhalb der Gemeinschaft, indem er kollektive Teilnahme und spirituelle Einheit fördert.

In den Bergregionen des Kaukasus, insbesondere in Georgien, ist beispielsweise die polyphone Chormusik[14] tief in der kulturellen Identität verwurzelt. Diese mehrstimmige Gesangsform ist ein herausragendes Beispiel dafür, wie die Stimme zur Stärkung der Gemeinschaft beitragen kann. Die komplexen Harmonien und das Zusammenspiel der Stimmen im georgischen Chorgesang sind nicht nur Ausdruck künstlerischer Virtuosität, sondern auch ein wichtiges soziales Bindemittel. Diese Musikform wird oft bei gesellschaftlichen Anlässen, Festen und in religiösen Zusammenhängen praktiziert und spielt eine zentrale Rolle bei der Überlieferung von Geschichten, historischen Ereignissen und ethischen Werten der Gemeinschaft. Der polyphone Chor vermittelt ein starkes Gefühl der Zugehörigkeit und Identität und zeigt, wie die Stimme als Instrument kollektiver Erinnerung und moralischer Anleitung fungiert.

---

[14] *Polyphone Chormusik bezeichnet eine Art von Musik, bei der mehrere voneinander unabhängige Melodielinien gleichzeitig gesungen oder gespielt werden. Jede Stimme führt ihre eigene Melodie aus, die jedoch harmonisch und rhythmisch so auf die anderen abgestimmt ist, dass sie ein komplexes musikalisches Gewebe bildet. In der westlichen Musikgeschichte ist Polyphonie besonders seit dem Mittelalter verbreitet und erreichte während der Renaissance ihre höchste Entwicklungsstufe. In einem polyphonen Chorwerk singt jede Stimme (Sopran, Alt, Tenor, Bass) eine eigene Melodielinie, die sich von den anderen unterscheidet, aber zusammen mit ihnen ein harmonisches Ganzes bildet. Dies führt zu einer reichhaltigen, oft tiefgründigen Klangstruktur, die polyphone Musik sowohl für Ausführende als auch für Zuhörer faszinierend macht. Polyphonie ist nicht nur in der westlichen klassischen Musik zu finden; viele Kulturen weltweit haben Formen von mehrstimmigem Gesang, die in ihren musikalischen Traditionen verwurzelt sind, wie etwa die bereits erwähnte georgische Chormusik, die für ihre komplexen harmonischen Strukturen bekannt ist.*

In Europa und den USA hat die Stimme ebenfalls eine bedeutende Rolle in der kulturellen und spirituellen Praxis inne. Kirchenchöre sind ein zentraler Bestandteil religiöser Gemeinschaften, die durch ihren Gesang spirituelle Erfahrungen und soziale Bindungen stärken. In vielen westlichen Ländern finden regelmäßige Chorproben und Aufführungen statt, die nicht nur dem Gottesdienst dienen, sondern auch Gemeinschaft und Zusammenhalt fördern. Diese Chöre bieten Menschen aller Altersgruppen die Möglichkeit, Teil eines größeren Ganzen zu sein und durch die kollektive Stimmarbeit ein gemeinsames Ziel zu verfolgen. Ein weiteres Beispiel für die transformative Kraft der Stimme im Westen ist die Praxis des gemeinschaftlichen Singens in sozialen und therapeutischen Kontexten. Singgruppen und Chöre in Krankenhäusern, Pflegeheimen und Gemeinschaftszentren nutzen die heilende Wirkung des Gesangs, um Wohlbefinden und soziale Interaktion zu fördern. Projekte wie ‚Singende Krankenhäuser‘ in Deutschland zeigen, wie das gemeinsame Singen das emotionale und körperliche Wohlbefinden der Patienten verbessert und gleichzeitig die Gemeinschaft stärkt. In den USA hat die Praxis des Singens im Rahmen von Achtsamkeits- und Meditationsübungen an Popularität gewonnen. Workshops und Retreats, die die Stimme als zentrales Werkzeug der Meditation nutzen, bieten den Teilnehmern die Möglichkeit, durch Klang und Vibration tiefere meditative Zustände zu erreichen und ihre spirituelle Praxis zu vertiefen. Diese Ansätze verbinden moderne wissenschaftliche Erkenntnisse über die Wirkungen des Singens auf das Gehirn und die Psyche mit traditionellen spirituellen Praktiken.

Ein universelles und tief bewegendes Beispiel für die transformative Kraft der Stimme ist das Singen von Müttern, die ihre Babys in den Schlaf wiegen oder trösten. Dieses ganz natürliche Ritual, das weltweit praktiziert wird, zeigt, wie die sanften Klänge und Rhythmen der Stimme Sicherheit, Geborgenheit und Ruhe vermitteln können. Das Wiegenlied ist eine der frühesten Formen der stimmlichen Interaktion, die sowohl die emotionale Bindung zwischen Mutter und Kind stärkt als auch das Kind beruhigt und tröstet. Diese einfache, aber kraftvolle Anwendung der Stimme unterstreicht ihre universelle Bedeutung und ihre Fähigkeit, tiefgreifende emotionale und spirituelle Verbindungen zu schaffen.

Diese Szenarien aus verschiedenen Teilen der Welt illustrieren eindrucksvoll, wie die Stimme als eine kraftvolle Kraft der Veränderung wirken kann. So dient sie als universelles Werkzeug zur Förderung von Gemeinschaft und Spiritualität, das sowohl das physische als auch das emotionale Wohlbefinden verbessern und eine tiefe, kollektive Erfahrung schaffen kann.

Stimmarbeit in der persönlichen spirituellen Praxis

Die Stimme spielt in der persönlichen spirituellen Praxis eine wundervolle, zentrale und magische Rolle, indem sie eine Welt der Selbstentdeckung und tiefen inneren Verbindung eröffnet. Während kollektive Gesangs- und Stimmpraktiken in vielen Kulturen von großer Bedeutung sind, ist die individuelle Arbeit mit der eigenen Stimme ein ebenso mächtiges Werkzeug für persönliches Wachstum und spirituelle Erleuchtung. Durch das Singen oder Chanten, insbesondere in meditativen und kontemplativen Praktiken, erhalten viele Menschen Zugang zu tieferen Schichten ihres Bewusstseins. Diese individuelle Stimmarbeit fördert nicht nur die Selbsterkundung, sondern dient auch als Brücke zu tieferem psychischen und spirituellen Verständnis.

Das bewusste Experimentieren mit der Stimme durch das Singen von Mantras, freies Tönen oder intuitives Singen kann zu persönlichen Offenbarungen führen. Indem du deine Stimme in deine tägliche oder regelmäßige Praxis einbindest, entwickelst du eine tiefe Verbindung zu deinem inneren Selbst und dem Universum. Dieser Prozess kann das Gefühl der Verbundenheit mit dem Ganzen stärken, als ob durch deine Stimme eine universelle Harmonie erklingt, die dich an das Netz des Lebens anschließt.

Das Singen oder Chanten hilft, den Geist zu beruhigen und den Lärm des Alltags zu mindern, was zu Klarheit und Konzentration führt. Dies öffnet die Türen zu einer meditativen Erfahrung, die erfrischend und transformierend sein kann. Jeder Ton und jedes Wort, das du singst, kann deine Seele reinigen und neu ausrichten, innere Konflikte lösen und emotionales Gleichgewicht fördern. Besonders wichtig ist, dass du dabei ganz automatisch im Hier und Jetzt präsent bist.

Stimmarbeit ist ein dynamischer Dialog mit dem Selbst und dem Universum, der uns einlädt, tief in die Mysterien unseres Seins einzutauchen und die heilende Kraft der eigenen Stimme zu entdecken. Eine Klientin beschrieb ihre Erfahrung mit der Stimmarbeit so: „Es ist, als würde durch das Singen oder Tönen eine Quelle von Energie und Klarheit in mir entspringen, die nicht nur meinen Geist erhebt, sondern auch meine Seele nährt." Diese Praxis ist so kraftvoll, dass sie dir hilft, dich jeden Tag neu auszurichten, deine innere Balance zu stärken und eine tiefe spirituelle Verbindung zu fördern.

Darüber hinaus hat die Stimmarbeit nicht nur psychische, sondern auch physische Vorteile. Regelmäßiges Singen und Tönen stärkt die Atemmuskulatur, fördert eine bessere Haltung und kann die allgemeine körperliche Gesundheit verbessern. Die Vibrationen, die beim Singen erzeugt werden, können zu einer tiefen Entspannung der Muskulatur führen und den Körper mit frischer Energie aufladen. Somit wirkt die Stimme kräftigend und stärkend auf Körper und Geist gleichermaßen.

Kapitel 2: Wissenschaftliche Perspektiven

Mit dem Aufkommen der ‚modernen' Wissenschaft hat sich ein neues und faszinierendes Feld der Forschung geöffnet: die Untersuchung, wie spirituelle Stimmpraktiken das menschliche Gehirn und Wohlbefinden beeinflussen. Du wirst vielleicht überrascht sein zu erfahren, dass die alten Traditionen des Singens und Chantens, die seit Jahrtausenden in verschiedenen Kulturen gepflegt werden, nun durch wissenschaftliche Studien in einem neuen Licht erscheinen. Forscher haben herausgefunden, dass regelmäßiges Singen und Chanten weit mehr als nur spirituelle oder kulturelle Handlungen sind – sie sind auch wirksam zur Förderung der physischen und psychischen Gesundheit. Studien zeigen beispielsweise, dass diese Stimmpraktiken das Stressniveau signifikant reduzieren können. Eine Studie, veröffentlicht im ‚Journal of Music Therapy', fand heraus, dass Chorsingen das Niveau des Stresshormons Cortisol im Körper senken kann. Dies trägt zu einem allgemeinen Gefühl der Entspannung und des Wohlbefindens bei.[15]

Darüber hinaus haben Untersuchungen ergeben, dass Singen und Chanten die mentale Gesundheit verbessern können. Durch die Freisetzung von Endorphinen, den sogenannten Glückshormonen, und die Stärkung sozialer Bindungen innerhalb von Gruppen, die gemeinsam singen, kann die Teilnahme an solchen Aktivitäten zu

---

[15] Vgl. *The Effects of Music Therapy on Cortisol Levels as a Biomarker of Stress in Children, Idyatul Hasanah and Zikrul Haikal, Published: 23 August 2021, Open Science Open Minds. https://www.intechopen.com/chapters/78219*

einer Reduzierung von Symptomen der Depression und Angst führen. Forschungsergebnisse aus dem ‚British Journal of Psychiatry' legen nahe, dass Menschen, die regelmäßig in Chören singen, von einer verbesserten Stimmung und erhöhten Lebenszufriedenheit berichten.[16] Vielleicht am beeindruckendsten ist die Wirkung des Singens auf das Immunsystem. Forscher der Universität Frankfurt haben festgestellt, dass das Singen die Produktion von Immunoglobulin A, einem Antikörper, der eine wichtige Rolle im Immunsystem spielt, steigert. Dies deutet darauf hin, dass regelmäßiges Singen nicht nur die Seele stärkt, sondern auch den Körper widerstandsfähiger gegen Krankheiten macht. Wir gehen in einem späteren Abschnitt etwas näher darauf ein. Diese modernen wissenschaftlichen Erkenntnisse bieten auf jeden Fall eine wichtige Perspektive darauf, wie uralte spirituelle Praktiken in unserer heutigen Welt nicht nur relevante, sondern auch empirisch unterstützte Methoden für Gesundheit und Wohlbefinden sind.

Und weil diese Erkenntnisse so wichtig sind, lass uns hier ein wenig genauer schauen, bevor wir tiefer in die spezifischen Übungen der Stimmarbeit eintauchen. Es ist tatsächlich entscheidend, auch ein fundiertes Verständnis der physiologischen und psychologischen Effekte zu erlangen, die das Singen, das Tönen und Chanten auf den menschlichen Körper haben. Außerdem streifen wir zusätzlich die

---

[16] *Vgl.Effects of music therapy on depression: A meta-analysis of randomized controlled trials. Qishou Tang, Zhaohui Huang, Huan Zhou, Peijie Ye Published: November 18, 2020, PLOS, https://journals.plos.org/plosone/article?id=10.1371/journal.pone.0240862.*

Psychoneuroimmunologie. Die Wissenschaft hinter der Stimmarbeit offenbart, wie regelmäßiges gezieltes Singen, Tönen etc. nicht nur das Stressniveau senken, sondern auch die mentale Klarheit erhöhen und die emotionale Balance fördern kann. So hat also die moderne Wissenschaft begonnen, das Verständnis dieser alten Praktiken zu vertiefen, indem sie die Auswirkungen von stimmlichen Aktivitäten auf das menschliche Gehirn und den Körper untersucht. Dieses wachsende wissenschaftliche Interesse an den physiologischen und psychologischen Effekten der Stimmarbeit bietet nun spannende Einsichten in die Wechselwirkungen zwischen Körper, Geist und Stimme. In diesem Rahmen lade ich dich ein, mit mir einen kleine Streifzug durch dieses Metier zu unternehmen. Diese Informationen hier, können nur einen kleinen wenn nicht sogar klitzekleinen Auszug sein. Recherchiere weiter, und du entdeckst ein Meer von wundervollen Erkenntnissen.

Physiologische Aspekte

Lass uns zunächst auf die physiologischen Effekte des Singens und Chantens schauen. Die körperlichen Vorteile, die sich aus diesen regelmäßigen Praktiken ergeben, sind beeindruckend und vielfältig.

- Ein besonders hervorzuhebender Aspekt ist die Verbesserung der Atmung. Wenn wir singen oder chanten, werden wir dazu angeregt, tiefer und bewusster zu atmen. Diese tiefe Atmung stärkt die Lungenfunktion und erhöht die Sauerstoffversorgung im gesamten Körper. Durch die bewusste Kontrolle und Nutzung der Atemmuskulatur wird nicht nur die Lungenkapazität erhöht, sondern auch die Atemqualität verbessert. Dies kann zu einem gesteigerten Energielevel und einer besseren Ausdauer im Alltag führen. Doch das ist noch nicht alles. Das Singen hat auch erstaunliche Auswirkungen auf unser Herz-Kreislauf-System. Studien haben gezeigt, dass das Singen den Blutdruck regulieren und die Herzrate stabilisieren kann. Dies liegt daran, dass die rhythmischen Atem- und Stimmbewegungen das parasympathische Nervensystem aktivieren, welches für Entspannung und Regeneration zuständig ist. Ein stabiler Herzschlag und ein gesunder Blutdruck tragen zu einem insgesamt gesünderen Kreislauf bei und können langfristig das Risiko für Herz-Kreislauf-Erkrankungen reduzieren.

- Ein weiterer wesentlicher Vorteil des Singens ist die Reduktion von Stresshormonen. Wenn wir singen, wird die Produktion von Stresshormonen wie Cortisol verringert.

- Gleichzeitig werden Glückshormone wie Endorphine und Oxytocin freigesetzt. Diese biochemischen Veränderungen tragen zu einem Gefühl des Wohlbefindens und der inneren Ruhe bei. Es ist, als ob das Singen eine natürliche, zugängliche Methode wäre, um Stress abzubauen und sich selbst in einen Zustand der Gelassenheit zu versetzen. Zahlreiche Studien haben belegt, dass das Singen und Chanten die Ausschüttung von Endorphinen fördern kann. Endorphine sind Neurotransmitter, die häufig als ‚Glückshormone' bezeichnet werden, weil sie zu einem gesteigerten Gefühl des Wohlbefindens beitragen und das Schmerzempfinden mindern können. Diese Hormone werden während des Singens freigesetzt und erzeugen ein Glücks- und Euphoriegefühl bei den Beteiligten. Dies unterstreicht den erheblichen emotionalen Nutzen solcher stimmlichen Praktiken und erklärt, warum viele Menschen das Singen als stressmindernd und erhebend empfinden.

- Zusätzlich wirkt das Singen auch wie eine natürliche Therapie für die geistige Gesundheit. Es fördert die Ausschüttung von Dopamin, einem Neurotransmitter, der für unser Belohnungssystem im Gehirn verantwortlich ist. Dies führt dazu, dass wir uns glücklicher und erfüllter fühlen. Regelmäßiges Singen kann also nicht nur unsere körperliche, sondern auch unsere geistige Gesundheit stärken.

- Außerdem hat das Singen auch positive Auswirkungen auf das Immunsystem. Regelmäßiges Singen kann die Immunfunktion verbessern, indem es die Produktion von Immunglobulin A (IgA) erhöht. IgA ist ein Antikörper, der eine wesentliche Rolle in der ersten Verteidigungslinie des Körpers gegen Infektionen spielt. Studien haben gezeigt, dass Menschen, die regelmäßig singen, höhere IgA-Werte aufweisen, was darauf hindeutet, dass stimmliche Aktivitäten das physische Wohlbefinden unterstützen und die allgemeine Gesundheit fördern können. Diese wissenschaftlichen Erkenntnisse legen nahe, dass das Singen nicht nur eine künstlerische, sondern auch eine gesundheitlich förderliche Praxis ist.

Stell dir vor, wie diese positiven Effekte sich in deinem täglichen Leben auswirken können. Mit jeder gesungenen Note stärkst du nicht nur deine Lungen und dein Herz, sondern reduzierst auch den Stress in deinem Leben. Du schaffst einen Moment der Achtsamkeit und des Wohlbefindens, der dir hilft, dich besser auf die Herausforderungen des Alltags einzustellen. Warum also nicht täglich ein wenig Zeit zum Singen oder Chanten einplanen? Alleine diese körperlichen Vorteile sind umfassend und tiefgreifend. Es ist eine einfache, aber unglaublich effektive Methode, um deine Gesundheit zu fördern und dein Wohlbefinden zu steigern. Lass dich von der Kraft deiner eigenen Stimme inspirieren und erlebe, wie sie dein Körper vitalisieren kann. Aber das ist längst nicht alles. Schauen wir nun auf die psychologischen Wirkungen.

Die psychologischen Aspekte

Auf psychologischer Ebene hat das regelmäßige Nutzen der Stimme in Übungen eine bemerkenswert stressreduzierende Wirkung. Dies ist teilweise darauf zurückzuführen, dass das Singen und Chanten die Ausschüttung von Endorphinen, den sogenannten Glückshormonen, fördert – das hatten wir ja bereits bei den physiologischen Effekten erwähnt. Diese natürlichen Schmerzmittel und Stimmungsaufheller tragen dazu bei, Gefühle von Stress und Angst zu reduzieren und eine allgemeine psychische Stabilität zu fördern. Ein weiterer wichtiger Stoff, der beim Singen freigesetzt wird, ist Oxytocin, oft als 'Kuschelhormon' oder 'Bindungshormon' bezeichnet. Oxytocin spielt eine wesentliche Rolle bei der Förderung von sozialen Bindungen und Vertrauen. Wenn wir singen oder chanten, vor allem in einer

Gruppe, erhöht sich der Oxytocinspiegel, was das Gefühl der Verbundenheit und des Gemeinschaftsgefühls stärkt. Dies kann besonders hilfreich sein, um soziale Ängste zu verringern und ein Gefühl der Zugehörigkeit zu fördern. Daher kann folgendes festgestellt werden:

- Singen und Chanten sind ebenfalls dafür bekannt, Angstzustände zu reduzieren und die Symptome von Depressionen zu lindern. Diese Praktiken ermöglichen es den Teilnehmern, sich von täglichen Sorgen zu lösen und eine tiefere innere Ruhe zu finden, was zur emotionalen Heilung beitragen kann. Zahlreiche Studien haben gezeigt, dass regelmäßiges Singen und Chanten signifikant zur Verringerung von Angstzuständen beitragen kann. Durch die Fokussierung auf den Atem, die Melodien und die Gemeinschaft während des Singens, können die Teilnehmer eine Form der Achtsamkeit erreichen, die ihnen hilft, sich von negativen Gedankenmustern zu lösen. Diese Erfahrung kann langfristig zu einer stabileren emotionalen Verfassung und einer Verbesserung der Lebensqualität führen.[17]

- Das Singen und Chanten wirkt wie eine Form der meditativen Praxis, die den Geist beruhigt und zentriert. Während wir singen

---

[17] *Siehe hierzu Wei, Marlynn M.D., J.D., The Healing Power of Sound as Meditation, Research suggests sound is a powerful tool to reduce pain, anxiety, and more. 2024, Psychology today, https://www.psychologytoday.com/us/blog/urban-survival/201907/the-healing-power-of-sound-as-meditation.*
Siehe auch Sakar, Donna, Can Chanting OM Reduce Stress and Anxiety?, 2021, Discover. https://www.discovermagazine.com/health/can-chanting-om-reduce-stress-and-anxiety.

oder chanten, konzentrieren wir uns intensiv auf die Klänge und Melodien, was uns hilft, uns von den alltäglichen Sorgen und negativen Gedanken zu lösen. Dieser Fokus auf den Moment kann eine tief entspannende und beruhigende Wirkung haben, ähnlich wie bei traditionellen Meditationsformen.

- Darüber hinaus hat das Singen die Fähigkeit, unsere Emotionen zu regulieren. Durch die Vibrationen und den Ausdruck von Klängen können wir emotionale Spannungen abbauen und eine Balance zwischen unseren Gefühlen finden. Viele Menschen berichten, dass sie sich nach einer Sing- oder Chantsession emotional ausgeglichener und befreiter fühlen. Diese Praxis kann daher besonders hilfreich sein in Zeiten hoher Belastung oder emotionaler Herausforderungen.

- Ein weiterer wichtiger psychologischer Effekt des Singens ist die Förderung von Freude und Zufriedenheit. Das regelmäßige Singen und Tönen kann unser allgemeines Wohlbefinden erheblich steigern. Die tiefere Atmung und die Schwingungen des Klangs wirken beruhigend und erfrischend, was zu einem Gefühl der Leichtigkeit und des Glücks führt. Dies trägt dazu bei, eine positivere Lebensperspektive zu entwickeln und optimistischer in die Zukunft zu blicken.

- Singen, tönen und all die Übungen in diesem Buch tragen zur Senkung des Cortisolspiegels im Körper bei, dem Hauptstresshormon. Die Reduzierung von Cortisol kann zu einer Abnahme der Stressreaktion führen, was langfristig zur

Verbesserung der Gesundheit und Lebensqualität beiträgt. Cortisol ist ein Hormon, das in Reaktion auf Stress freigesetzt wird und in hohen Mengen negative Auswirkungen auf verschiedene körperliche Funktionen haben kann. Durch das Singen und Chanten wird der Cortisolspiegel gesenkt, was zu einer allgemeinen Beruhigung des Nervensystems führt. Langfristig kann dies die Fähigkeit des Körpers verbessern, mit Stress umzugehen, und das Risiko stressbedingter Erkrankungen verringern.

- Singen und Chanten fördern nicht nur die individuelle Gesundheit, sondern stärken auch soziale Bindungen und das Gefühl der Zugehörigkeit. Das gemeinsame Erleben dieser Aktivitäten kann Menschen verschiedener Hintergründe vereinen und ein starkes Gemeinschaftsgefühl schaffen. Wenn Menschen zusammen singen oder chanten, teilen sie eine gemeinsame Erfahrung, die Vertrauen und gegenseitiges Verständnis fördert. Diese gemeinsamen Erlebnisse können Barrieren abbauen und das soziale Netzwerk erweitern, was besonders in Zeiten von sozialer Isolation oder Einsamkeit von großer Bedeutung sein kann. Darüber hinaus haben Untersuchungen gezeigt, dass kollektive stimmliche Aktivitäten die Freisetzung von Oxytocin stimulieren können, einem Hormon, das für die Bindung und das Vertrauen zwischen Menschen verantwortlich ist. Dies unterstreicht die Rolle des Singens und Chantens als kraftvolle Mittel zur Förderung des sozialen Zusammenhalts und der Gemeinschaftsbildung. Somit ist es ein probates Mittel gegen die Einsamkeit.

Zusammengefasst bietet das regelmäßige Singen, Tönen als auch das Chanten nicht nur physiologische, sondern auch tiefgreifende psychologische Nutzen für den Menschen. Es reduziert Stress, fördert die Ausschüttung von Glückshormonen und Oxytocin, und hilft uns, emotional ausgeglichener und zufriedener zu sein. Warum also nicht diese kraftvolle Praxis in deinen Alltag integrieren und die wohltuenden Effekte auf Körper und Geist selbst erleben?

Man erkennt ziemlich eindeutig, dass die Erkenntnisse aus der Forschung die vielfältigen Vorteile der Stimmarbeit unterstreichen und sie bieten eine wissenschaftliche Grundlage für die Integration dieser Praktiken in unser tägliches Leben. Indem du die physiologischen und psychologischen Auswirkungen des Singens und Chantens erkennst und verstehst, kannst du diese Werkzeuge gezielter und effektiver nutzen, um deine Gesundheit und dein allgemeines Wohlbefinden zu verbessern. Aber natürlich auch für andere, falls du Klangheiler bist und mit deiner Stimme arbeitest. Dieses Wissen verleiht deiner Praxis, ob privat oder beruflich, nicht nur Tiefe, sondern auch eine wissenschaftlich fundierte Bestätigung der positiven Auswirkungen, die du auf Körper und Geist haben kannst.

Psychoneuroimmunologie und die Stimme

Die Psychoneuroimmunologie ist ein Bereich der Wissenschaft, der aufzeigt, wie tiefgreifend unsere Gedanken, Gefühle und sozialen Interaktionen unsere biologischen Systeme beeinflussen können. Diese Disziplin erforscht die komplexen Wechselwirkungen zwischen psychologischen Prozessen, dem Nervensystem und dem Immunsystem. Es ist ein Gebiet, das dir, durch das Verständnis dieser Zusammenhänge, ermöglicht, bewusst Einfluss auf deine Gesundheit zu nehmen. Hierzu sollen folgende Punkte genauer betrachtet werden.

- Die Macht des Singens und Chantens: Studien in der Psycho-neuroimmunologie haben beeindruckende Erkenntnisse darüber geliefert, wie Singen und Chanten nicht nur kurzfristige emotionale Erleichterung bieten, sondern auch langfristige gesundheitliche Vorteile haben können. Wenn du singst oder chantest, werden spezifische neurologische Pfade stimuliert, die direkt mit dem Immunsystem interagieren. Diese Aktivitäten können tatsächlich die Produktion von Antikörpern steigern und die Effizienz von Immunzellen verbessern, was deinem Körper hilft, sich besser gegen Krankheiten zu schützen.

- Neurologische Pfade und Immunregulation: Die durch das Singen ausgelösten neurologischen Pfade sind Teil eines komplexen Systems, das darauf ausgelegt ist, das Gleichgewicht im Körper zu erhalten und zu regulieren. Diese Pfade können Stressreaktionen dämpfen, was wiederum Entzündungen reduziert und das Immunsystem stärkt. Das regelmäßige Engagement in diesen stimmlichen Aktivitäten kann also deine allgemeine Resilienz und Widerstandsfähigkeit gegen Krankheiten erhöhen.

- Anwendung in der Praxis: In der Praxis wird das Wissen um diese Zusammenhänge bereits genutzt, um das Wohlbefinden von

Menschen mit verschiedenen gesundheitlichen Herausforderungen zu fördern. Therapeutische Gemeinschaftschöre sind ein Beispiel, wie die Vorteile des gemeinsamen Singens in die Tat umgesetzt werden. Diese Chöre bieten nicht nur eine Plattform für emotionale Expression und sozialen Austausch, sondern auch einen therapeutischen Nutzen, indem sie das Immunsystem der Teilnehmenden stärken und deren gesundheitliche Resilienz verbessern.

- Soziale Unterstützung und Heilung: Diese Chöre dienen auch als wichtige soziale Stütze, die Menschen mit psychischen Erkrankungen oder in Genesung von Krankheiten dabei hilft, sich weniger isoliert zu fühlen und ihre sozialen Netzwerke zu stärken. Die Gruppendynamik und die gemeinsamen musikalischen Erlebnisse fördern ein Gefühl der Zugehörigkeit und der gemeinschaftlichen Unterstützung, was essenziell für die psychische und emotionale Gesundheit ist.

Die Erkenntnisse der Psychoneuroimmunologie in Verbindung mit der Stimmarbeit bieten also eine tiefgehende und berührende Perspektive darauf, wie du durch die Integration von Gesang und Chanten in dein Leben nicht nur dein seelisches Wohlbefinden, sondern auch deine physische Gesundheit nachhaltig fördern kannst. Indem du diese Praktiken erkundest und in dein tägliches Leben einbindest, öffnest du neue Wege zur Selbstentdeckung und zur Verbesserung deines gesamten Wohlbefindens.[18]

[18] Vgl. Devitch, Gary, The Mental-Health Benefits of Singing in a Choir, A body of research finds singing in a group boosts mood, outlook, and health, July 2023, Psychology today. https://www.psychologytoday.com/intl/blog/evidence-based-living/202307/the-mental-health-benefits-of-singing-in-a-choir.
Siehe auch Fahey, Hannah, A chorus of voices: social singing and health promotion, Oxford Academic, Health Promotion International, 13. April 2022, https://academic.oup.com/heapro/article/37/Supplement_1/i1/6568042#. Siehe auch Sakar, Donna, Can Chanting OM Reduce Stress and Anxiety? OM, the word spoken in meditation and yoga practices, has existed for nearly 5,000 years. Can chanting this small word really provide a multitude of health benefits? 16. Janaur 2021, Discover, https://www.discovermagazine.com/health/can-chanting-om-reduce-stress-and-anxiety.

Kapitel 3: Entwicklung deiner spirituellen Stimme

Nachdem wir die Bedeutung der Stimme in verschiedenen spirituellen Traditionen, in den unterschiedlichen Regionen der Welt ein wenig erörtert haben, und all die Vorteile für Körper, Geist und Seele eruiert haben, lass uns nun Techniken anschauen, die du ganz einfach in deinen Alltag integrieren kannst. Um deine individuelle spirituelle Praxis zu vertiefen und die transformative Kraft deiner Stimme voll auszuschöpfen, stehen dir zahlreiche verschiedene Techniken und Übungen zur Verfügung, die helfen, deine Selbstexpression zu steigern und zu einem tieferen spirituellen Bewusstsein zu führen. Bist du bereit? Dann lass uns starten. Um eine solide Basis für deine Stimmarbeit zu schaffen, ist es wichtig, mit grundlegenden Übungen zu beginnen, die du leicht in deine tägliche Routine integrieren kannst.

Die Bauchatmung

Starten wir also mit dem Fundament, nämlich den Atemtechniken, denn schließlich ist die Stimme lautgewordener Ausatem. Einer der grundlegendsten Aspekte der Stimmarbeit ist das Erlernen hilfreicher Atemtechniken. Eine Technik, die besonders nützlich ist, ist die Bauchatmung (auch Zwerchfellatmung genannt). Diese Methode ermöglicht es dir, tiefer zu atmen und die Luft effizienter zu nutzen, was eine entscheidende Rolle spielt, um einen klaren und starken Stimmklang zu erzeugen. Um diese Technik zu üben, kannst du eine Hand auf deinen Bauch legen und spüren, wie er sich beim Einatmen ausdehnt und beim Ausatmen zusammenzieht. Dies hilft dir, dich auf das Atmen mit dem Zwerchfell zu konzentrieren, anstatt oberflächlich mit der Brust zu atmen.

Schritt-für-Schritt-Anleitung

Die Bauchatmung ist fundamental für eine effektive Stimmnutzung, da sie dir hilft, tiefer zu atmen und deine Stimme voll zu unterstützen. Die Schritte sind wie folgt:

1. Position: Setze oder lege dich in eine bequeme Position. Das kann auf einem Stuhl sein, mit geradem Rücken und entspannten Schultern, oder liegend auf dem Rücken.
2. Beobachtung: Platziere eine Hand auf deinem Bauch, direkt unterhalb des Rippenbogens. Die andere Hand kann auf deiner Brust liegen, um sicherzustellen, dass sie während der Übung ruhig bleibt.
3. Einatmen: Atme langsam und tief durch die Nase ein, und konzentriere dich darauf, dass sich dein Bauch nach außen wölbt, während deine Brust stabil bleibt.
4. Ausatmen: Öffne deinen Mund leicht und atme langsam aus, während du bewusst deinen Bauch entspannst und nach innen ziehst, um die Luft vollständig auszudrücken.
5. Wiederholung: Wiederhole diesen Atemzyklus für 5-10 Minuten täglich. Versuche, den Rhythmus gleichmäßig und ruhig zu halten, und konzentriere dich auf die Entspannung während jeder Phase des Atems.

Vokalisierungen von Tonleitern

Dann gibt es die Vokalisierungen. Das sind einfach Stimmübungen, die ebenfalls essentiell sind, um die Stimmbänder zu stärken und die uns dazu bringen, unsere Töne auch zu genießen. Außerdem können so ganz nebenbei unsere Tonqualität verbessern. Diese Übungen umfassen Skalierungsübungen, bei denen du Tonleitern singst, und das Singen einfacher Melodien, um die Flexibilität und Reichweite deiner Stimme zu trainieren. Diese Art von Praxis kann helfen, deine Stimmbänder zu konditionieren und deine Fähigkeit zu verbessern, verschiedene Tonhöhen und Lautstärken effektiv zu managen. Übrigens: Tonleitern sind eine ausgezeichnete Methode, um deine Stimmbänder zu stärken und die Kontrolle über verschiedene Tonhöhen zu verbessern. Und das Beste daran: Du brauchst keine Noten lesen zu können und keine Instrumente zu Hause zu haben. Alles, was du brauchst, ist deine Stimme und ein wenig Zeit zum Üben.

Schritt-für-Schritt-Anleitung

1. Startton wählen: Beginne mit einem einfachen 'Ah'-Ton auf einer Tonhöhe, die für dich bequem ist. Wähle einen Ton, bei dem du dich nicht anstrengen musst und der leicht zu erreichen ist.

2. Tonleitern singen: Singe langsam auf- und absteigende Tonleitern über eine Oktave[19]. Starte auf deinem Startton und erhöhe die Tonhöhe schrittweise bis zum höchsten Punkt, dann kehre zurück zum Ausgangston. Stell dir vor, wie du eine Treppe hinauf- und hinabsteigst, wobei jeder Ton eine Stufe ist.

3. Fokussierung: Damit deine Töne klar und stabil sind, gibt es einen Trick, nämlich den Ton in die ‚Maske' zu setzen – das bedeutet, du lenkst den Klang nach vorne in den Bereich um deine Nase und Wangenknochen. Dies hilft, die Töne klarer und resonanter zu machen.

4. Variation: Wiederhole die Übung mit verschiedenen Vokalen wie 'E', 'I', 'O', und 'U'. Jeder Vokal hat unterschiedliche Anforderungen an die Mundform und die Artikulation, was die Übung vielfältiger und umfassender macht. Experimentiere spielerisch mit den verschiedenen Vokalen und spüre, wie sich

---

[19] *Eine Oktave ist ein musikalisches Konzept, das leicht zu verstehen ist, auch wenn du kein Musiker bist. Stell dir vor, du spielst eine Taste auf einem Klavier und hörst den Ton. Wenn du nun die achte Taste nach oben oder unten zählst und diese spielst, hörst du einen Ton, der entweder doppelt so hoch oder halb so tief klingt wie der ursprüngliche Ton. Beide Töne sind sich sehr ähnlich, obwohl der eine höher und der andere tiefer ist. Diese beiden Töne bilden zusammen eine Oktave. Um es noch einfacher zu machen: Denk an die Melodie von 'Somewhere Over the Rainbow' aus dem Film 'Der Zauberer von Oz'. Die ersten beiden Wörter 'Somewhere over' beginnen und enden auf Tönen, die eine Oktave auseinander liegen. Eine Oktave ist also der Abstand zwischen einem Ton und einem anderen Ton, der entweder doppelt so hoch oder halb so tief ist. Dieses Verhältnis ist in der Musik weltweit anerkannt und bildet die Grundlage vieler musikalischer Skalen und Melodien.*

dein Mund und deine Stimme anpassen.

5. Tägliche Praxis: Führe diese Übungen täglich durch, idealerweise nach deiner Atemübung. Dies hilft, die Stimmbänder zu konditionieren und verbessert deine Fähigkeit, unterschiedliche Töne sauber und effizient zu produzieren. Zusätzlicher Tipp: Stell dir vor, du bist ein Sänger in einem Musical oder ein Vogel, der am Morgen singt. Je mehr Freude und Leichtigkeit du in die Übung bringst, desto besser werden deine Fortschritte sein.

Die Vokalimprovisation

Das freie Experimentieren mit Tönen und Melodien ist sehr kraft- und wirkungsvoll, um emotionale Blockaden zu lösen und die Kreativität zu fördern. Diese Praxis ermutigt dich, deine innere Stimme zu erkunden und auszudrücken, was oft zu überraschenden Einsichten und einem gesteigerten Gefühl der Freiheit führt. Die Vokalimprovisation bietet dir einen sicheren Raum, um ohne jegliche Vorgaben oder Noten frei zu singen. Durch das spontane Erzeugen und Verändern von Klängen kannst du tief in deine emotionale und spirituelle Landschaft eintauchen. Hierbei geht es nicht darum, etwas Perfektes zu erschaffen, sondern darum, authentisch zu sein und deine innere Welt in Klang umzusetzen. Indem du dich von den spontan entstehenden Klängen leiten lässt, gibst du deinem Unbewussten die Möglichkeit, sich auszudrücken. Du wirst vielleicht bemerken, dass bestimmte Töne und Melodien starke emotionale Reaktionen hervorrufen oder lange verdrängte Gefühle an die

Oberfläche bringen. Diese Begegnungen mit deinem inneren Selbst können sehr heilsam sein und dir helfen, alte Muster zu durchbrechen und neue Perspektiven zu gewinnen. Außerdem fördert diese Praxis ein tiefes Gefühl der Freiheit. Ohne die Beschränkungen durch festgelegte Melodien oder Texte kannst du die volle Bandbreite deiner stimmlichen Ausdruckskraft erleben. Diese Freiheit im Ausdruck wirkt sich sehr positiv auf andere Lebensbereich auswirken, indem sie dir Mut macht, authentischer und spontaner zu sein. Ich möchte dich animieren dieses auszuprobieren. Jeden Morgen, bevor ich meine tägliche Meditation beginne, nehme ich mir Zeit für meine Vokalimprovisation. Dieses Ritual ist für mich zu einem unverzichtbaren Teil meines Tagesablaufs geworden. Ich setze mich an einen ruhigen Ort, schließe die Augen und lasse meine Stimme frei fließen. Ohne feste Melodien oder Worte folge ich intuitiv den Klängen, die aus meinem Inneren aufsteigen. Diese tägliche Praxis hat mir geholfen, eine tiefere Verbindung zu meinem inneren Selbst zu entwickeln. Oft bemerke ich, wie bestimmte Töne und Melodien starke emotionale Reaktionen hervorrufen oder lange verdrängte Gefühle an die Oberfläche bringen. Diese Begegnungen mit meinem inneren Selbst sind sehr heilsam und helfen mir, alte Muster zu durchbrechen und neue Perspektiven zu gewinnen. Ich erlebe mittlerweile immer dabei ein tiefes Gefühl der Freiheit. Und es tut so gut. Ohne die Beschränkungen durch festgelegte Melodien oder Texte kann ich die volle Bandbreite meiner stimmlichen Ausdruckskraft erleben. Nach meiner Vokalimprovisation fühle ich mich oft klarer und zentrierter, was meine anschließende Meditation vertieft. Die Klänge, die ich erzeugt habe, klingen noch in mir nach und begleiten mich in einen meditativen Zustand, der sowohl erfrischend als auch transformierend ist. Damit Du es gleich ausprobieren kannst, hier eine Schritt-für-Schritt-Anleitung, die du gerne auch variieren kannst.

Schritt-für-Schritt-Anleitung

Schritt 1: Vorbereitung

1. Ruhiger Ort: Finde einen ruhigen Ort, an dem du ungestört bist. Dies kann ein Raum in deinem Zuhause, ein Garten oder ein anderer Ort sein, an dem du dich wohlfühlst.
2. Bequeme Position: Setze dich bequem hin oder stehe entspannt. Achte darauf, dass du dich wohlfühlst und frei atmen kannst.
3. Augen schließen: Schließe die Augen, um dich besser auf deine innere Welt und deine Klänge konzentrieren zu können.

Schritt 2: Atemübungen

1. Tief einatmen: Atme langsam und tief durch die Nase ein. Fülle deine Lungen vollständig.
2. Langsam ausatmen: Atme langsam durch den Mund aus. Wiederhole dies ein paar Mal, um dich zu entspannen und deine Atmung zu vertiefen.

Schritt 3: Stimme aufwärmen

1. Sanfte Töne: Beginne mit sanften, langen Tönen. Summe oder singe ein einfaches ‚Mmmm' oder ‚Ahhh' in verschiedenen Tonhöhen.
2. Skalieren: Singe einfache Tonleitern oder Tonfolgen, um deine Stimme weiter zu lockern.

Schritt 4: Freie Improvisation

1. Intuitives Singen: Lasse deine Stimme frei fließen. Folge intuitiv den Klängen, die aus deinem Inneren aufsteigen, ohne an feste Melodien oder Worte gebunden zu sein. Denke auch daran, dass es durchaus zunächst ein zaghaftes Etwas sein kann oder ein ‚Gekratze' das ist vollkommen in Ordnung.

2. Variationen: Experimentiere mit verschiedenen Lautstärken, Tonhöhen und Klangfarben. Spiele mit der Dynamik und den Emotionen in deiner Stimme.

3. Spontane Klänge: Erzeuge und verändere spontan Klänge, um tief in deine emotionale und spirituelle Landschaft einzutauchen. Erlaube dir, authentisch zu sein und deine innere Welt in Klang umzusetzen.

Schritt 5: Achtsames Beobachten

1. Emotionen wahrnehmen: Achte darauf, welche Emotionen und Reaktionen bestimmte Töne und Melodien in dir hervorrufen. Erlaube dir, diese Gefühle zu spüren und anzunehmen.

2. Innere Bilder: Beobachte, ob bestimmte Klänge innere Bilder oder Erinnerungen hervorrufen. Notiere dir diese Eindrücke, wenn du möchtest.

Schritt 6: Abschluss und Integration

1. Nachklingen lassen: Beende die Vokalimprovisation, indem du langsam leiser wirst und die letzten Klänge nachklingen lässt.

2. Reflexion: Nimm dir einen Moment, um die Erfahrung zu reflektieren. Wie fühlst du dich jetzt? Welche Erkenntnisse hast du gewonnen?

3. Tägliche Praxis: Integriere die Vokalimprovisation in deine tägliche Routine, z.B. vor deiner Meditation oder anstatt dieser. Dies kann dir helfen, eine tiefere Verbindung zu deinem inneren Selbst zu entwickeln und alte Muster zu durchbrechen.

Vokalimprovisation ist wie ich finde eine berührende und absolut erhebende Praxis, die dir erlaubt, die eigene innere Stimme zu erkunden und auszudrücken. Durch regelmäßiges Üben kannst du dadurch emotionale Blockaden lösen, neue Perspektiven gewinnen und ein tiefes Gefühl der Freiheit erleben. Lass dich darauf ein.

Die Mantra-Praxis

Nun kommen wir zur Mantra-Praxis. Das regelmäßige Chanten von Mantras ist eine weitere Methode, um den Geist zu beruhigen und sich auf höhere spirituelle Zustände auszurichten. Mantras sind heilige Klänge, Worte oder Sätze, die traditionell in vielen spirituellen Traditionen verwendet werden, um den Geist zu fokussieren und spirituelle Energien zu aktivieren.[20] Diese Praxis hat eine lange Geschichte und wird in vielen Kulturen als ein kraftvolles Werkzeug zur Meditation und inneren Transformation geschätzt. Das Wort 'Mantra' stammt aus dem Sanskrit und bedeutet wörtlich übersetzt 'Werkzeug des Geistes'. Mantras können auf verschiedene Weise

---

[20] Siehe hierzu auch Kapitel 1.

genutzt werden: laut gesungen, leise gesprochen oder innerlich wiederholt. Sie wirken durch ihre Klangschwingungen, die bestimmte Frequenzen erzeugen, die den Geist beruhigen und den Körper entspannen können. Ein wichtiger Aspekt der Mantra-Praxis ist die Wiederholung. Indem du ein Mantra kontinuierlich wiederholst, hilfst du deinem Geist, sich von den alltäglichen Sorgen und Ablenkungen zu lösen. Diese kontinuierliche Wiederholung kann zu einem Zustand tiefer Meditation führen, in dem du eine tiefe innere Ruhe und Klarheit erfährst.

Wähle ein Mantra, das mit deinen spirituellen Zielen resoniert. Es kann ein klassisches Mantra wie 'Om', 'Om Mani Padme Hum' oder ein persönliches Mantra sein, das eine besondere Bedeutung für dich hat. Achte darauf, dass es sich für dich richtig und kraftvoll anfühlt.
In meiner eigenen Praxis hat das Chanten von Mantras einen festen Platz eingenommen, allerdings nutze ich es nicht nur zu festen Zeiten, sondern auch in bestimmten Situationen. Zum Beispiel verwende ich das Mantra ‚so ham', wenn ich mich gestresst oder unruhig fühle. Dann setze ich mich hin, schließe die Augen und wiederhole es leise vor mich hin. Die beruhigende Wirkung tritt schnell ein und hilft mir, meine innere Ruhe wiederzufinden.

Ein weiteres Beispiel ist, wenn ich mich auf eine wichtige Aufgabe oder ein Projekt vorbereite. In diesen Momenten wähle ich ein Mantra, das mit Stärke und Klarheit verbunden ist, und chanten es, um meinen Geist zu fokussieren und mich auf das Wesentliche zu konzentrieren. Diese Praxis hat mir geholfen, meine Energie zu bündeln und mit größerer Zielstrebigkeit an meine Aufgaben heranzugehen. Auch in Momenten der Dankbarkeit und Freude nutze ich die Mantra-Praxis. Wenn ich das Gefühl habe, tief mit meinem inneren Selbst und dem Universum verbunden zu sein, wähle ich ein Mantra, das diese Gefühle ausdrückt und verstärkt. Mein Mantra kann durchaus auch ein Wort aus unserem Sprachraum sein, wie zum Beispiel ‚Danke Universum‘. Es kommt auf die Energie und Intention an, die einen bewegt, sein Mantra zu singen. Durch das Chanten des Mantras ‚Danke Universum‘, oder einfach nur ‚Danke‘, vertiefe ich meine spirituelle Erfahrung und fühle mich noch enger mit dem größeren Ganzen verbunden. Jedes Mal, wenn ich mein Mantra chante, spüre ich, wie ich mich mit meiner inneren Quelle verbinde. Es ist eine tiefe, spirituelle Erfahrung, die mir hilft, mich mit den universellen Energien zu verbinden und mein höheres Selbst zu erreichen. Diese Verbindung gibt mir Kraft und Orientierung, sowohl in meiner Meditation als auch im Alltag. Das regelmäßige Chanten von Mantras ermöglicht dir, in einen Zustand der Harmonie und Ausgeglichenheit zu gelangen, der dich durch den Tag begleitet. Ich lade dich ein, diese Praxis auszuprobieren und zu erleben, wie sie dein Leben bereichern kann. Wähle ein Mantra, das dich anspricht, und wiederhole es in einer meditativen Haltung. Lass dich von der Kraft der Worte tragen und finde die tiefe innere Ruhe, die dich näher zu deinen spirituellen Zielen führt. Und damit du gleich loslegen kannst und auch zum Ausprobieren kommst, folgt nun für dich eine Schritt-für-Schritt-Anleitung.

Hier ist eine praktische Anleitung, um dich durch diesen tiefgreifenden und beruhigenden Prozess zu führen. Lass uns beginnen:

1. Mantra wählen: Wähle ein Mantra, das mit deiner spirituellen Praxis oder Tradition räsoniert. Dies kann ein einzelnes Wort oder eine Phrase sein, die eine besondere spirituelle Bedeutung für dich hat. Beispiele für Mantras sind ‚Om‘, ‚Shanti‘ (Frieden) oder längere Phrasen aus spirituellen Texten. Dein Mantra sollte sich für dich kraftvoll und inspirierend anfühlen, etwas, das dein Herz berührt und deine Seele anspricht.

2. Meditative Haltung: Setze dich in eine bequeme meditative Haltung. Dies kann das Sitzen im Lotossitz, Halblotossitz oder auf einem Stuhl mit geradem Rücken sein. Wichtig ist, dass deine Wirbelsäule aufrecht und dein Körper entspannt ist. Stell dir vor, dass ein unsichtbarer Faden dich sanft am Scheitel nach oben zieht, wodurch deine Haltung aufrecht und dennoch entspannt bleibt. Die Hände kannst du auf deinen Knien ablegen oder in deinem Schoß ruhen lassen, wobei die Handflächen nach oben zeigen.

3. Mantra praktizieren: Beginne, das Mantra leise oder laut zu wiederholen. Starte mit etwa 5 Minuten täglicher Praxis und erhöhe allmählich die Dauer, sobald du dich dabei wohlfühlst. Schließe deine Augen, um dich besser konzentrieren zu können.

Wenn du laut chantest, achte darauf, dass dein Atem ruhig und gleichmäßig bleibt. Lass den Klang des Mantras in deinen Körper vibrieren und spüre die Resonanz in deinem Brustkorb und deinem Kopf.

4. Konzentration: Konzentriere dich voll und ganz auf den Klang des Mantras und seine Resonanz in deinem Körper. Spüre, wie jede Wiederholung dich tiefer in einen Zustand der Meditation führt. Wenn deine Gedanken abschweifen, bringe sie sanft und ohne Urteil zum Mantra zurück. Lass dich von den Klangwellen tragen und stelle dir vor, wie der Klang dein ganzes Wesen durchdringt und harmonisiert. Je mehr du dich auf das Mantra fokussierst, desto tiefer wirst du in die Meditation gleiten und eine tiefe innere Ruhe finden.

5. Vertiefung der Praxis: Mit der Zeit kannst du verschiedene Aspekte deiner Mantra-Meditation vertiefen. Versuche, die Vibrationen des Mantras in unterschiedlichen Teilen deines Körpers zu spüren – in deinem Herzen, deinem Bauch oder sogar deinen Füßen. Experimentiere damit, das Mantra leise innerlich zu wiederholen und auf die subtile Energie zu achten, die dadurch entsteht.

6. Integration in den Alltag: Die Mantra-Meditation ist nicht nur eine Übung für den Meditationssitz, sondern kann auch in deinen Alltag integriert werden. Wiederhole dein Mantra mental, während du gehst, arbeitest oder wartest. Diese ständige Präsenz

des Mantras kann dir helfen, zentriert und ruhig zu bleiben, egal was um dich herum passiert.

Durch die regelmäßige Praxis der Mantra-Meditation wirst du schon bald eine tiefere Verbindung zu deinem inneren Selbst und zum Universum entwickeln. Diese Verbindung kann dir nicht nur inneren Frieden und Klarheit bringen, sondern auch dein tägliches Leben bereichern. Lass dich von der Kraft des Mantras tragen und entdecke, wie es dein Herz öffnet und deine Seele erleuchtet.

Die Klangmeditation

Nun kommen wir zur Klangmeditation. Diese Technik konzentriert sich auf das bewusste Hören und Erzeugen von einzelnen Klängen, wobei die Resonanz dieser Klänge im Körper wahrgenommen wird. Klangmeditation ist eine wundervolle Methode, um Achtsamkeit zu steigern und das körperliche Wohlbefinden zu verbessern. Die Praxis der Klangmeditation beginnt mit der bewussten Wahrnehmung von Klängen, die entweder von dir selbst erzeugt werden oder aus der Umgebung stammen. Du kannst einfache Instrumente wie Klangschalen, Stimmgabeln zusammen mit deiner eigenen Stimme verwenden. Der Schlüssel liegt darin, sich voll und ganz auf den Klang zu konzentrieren und seine Vibrationen im Körper zu spüren. Wenn ich mit der Klangmeditation beginne, setze ich mich in eine bequeme Haltung und schließe die Augen. Ich nehme mir einen Moment, um meine Atmung zu beruhigen und mich zu zentrieren. Dann schlage ich eine Klangschale an oder erzeuge einen Ton mit meiner Stimme. Ich lasse den Klang in den Raum fließen und achte bewusst darauf, wie er in meinem Körper widerhallt. Jede Schwingung und Resonanz wird intensiv wahrgenommen. Die Vibrationen des Klangs durchdringen meinen Körper und schaffen eine tiefe Verbindung zwischen Klang und physischem Selbst. Diese Resonanz hilft mir, Spannungen zu lösen und ein Gefühl der Leichtigkeit und Entspannung zu erfahren. Es ist, als ob der Klang jede Zelle meines Körpers berührt und harmonisiert. Durch das Fokussieren auf die Schwingungen jedes Klangs und dessen Echo in deinem Körper entsteht eine tiefe meditative Erfahrung. Diese Praxis erfordert volle Aufmerksamkeit und Präsenz im Moment, was die Achtsamkeit enorm steigert. Indem du dich auf den Klang und seine Wirkung konzentrierst, kannst du den Geist von Ablenkungen befreien und eine tiefe innere Ruhe finden. Ein weiteres bemerkenswertes Merkmal der Klangmeditation ist ihre Fähigkeit, das körperliche Wohlbefinden zu fördern. Die Vibrationen können Blockaden im Energiesystem lösen und die Selbstheilungskräfte des Körpers aktivieren. Oft fühle ich mich nach einer Sitzung der Klangmeditation erfrischt und energetisiert, als ob mein Körper und Geist neu ausgerichtet wären. Klangmeditation ist mehr als nur eine meditative Übung; sie ist eine Reise in die Tiefen deiner eigenen Wahrnehmung und ein Dialog mit deinem physischen Selbst. Sie lädt dich ein, die heilende Kraft des Klangs zu entdecken und die tiefe Verbindung zwischen Klang und Körper zu erforschen. Die Reise durch die Welt der spirituellen Stimmarbeit ist immer wieder eine Einladung, die grenzenlosen Möglichkeiten der Stimme zu erforschen, und ich bin davon überzeugt, dass Du genau dieses bald selbst erfährst, falls du es nicht schon längst weißt. Jede dieser

Techniken bietet einen einzigartigen Ansatz, um deine Stimme nicht nur als Mittel der Kommunikation, sondern als ein wundervolles und heilsames Werkzeug der spirituellen Erweckung und persönlichen Transformation zu nutzen. Und damit es nicht nur bei der Einladung bleibt, es auszuprobieren, folgt auch hier eine Schritt-für-Schritt-Anleitung wie du Singen und Klangschalen in deine tägliche spirituelle Praxis einbinden kannst, um tiefe innere Ruhe und Harmonie zu erreichen.

Schritt-für-Schritt-Anleitung

1. Klangschale vorbereiten: Wähle eine Klangschale, die harmonisierende Frequenzen erzeugt. Klangschalen gibt es in verschiedenen Größen und Materialien, jede mit ihrer eigenen einzigartigen Schwingung. Nimm dir Zeit, verschiedene Klangschalen auszuprobieren, um diejenige zu finden, deren Klang und Schwingung dich am meisten ansprechen und harmonisieren. Eine Klangschale aus Bronze oder Kristall kann besonders beruhigende und tiefgehende Töne erzeugen.

2. Klangschale spielen: Schlage die Klangschale sanft mit einem Klöppel oder reibe den Rand der Schale mit einem Reibestab. Beginne mit einem sanften Anschlag oder einer leichten Reibung und lasse den Ton vollständig ausklingen, bevor du den nächsten Schlag setzt. Konzentriere dich auf den entstehenden Klang und seine Resonanz. Der Klang der Schale sollte weich und beruhigend sein, und du solltest ihn durch deinen ganzen Körper

fließen lassen. Wenn du den Reibestab benutzt, führe ihn gleichmäßig und langsam um den Rand der Schale, um kontinuierliche Schwingungen zu erzeugen.

3. Resonanz spüren: Setze dich nahe der Klangschale und spüre, wie die Schwingungen durch deinen Körper fließen. Achte darauf, wie jede Zelle deines Körpers auf die Schwingungen reagiert und wie sich dein Geist zunehmend entspannt. Schließe deine Augen und konzentriere dich auf die physische und energetische Resonanz in deinem Körper. Diese Schwingungen können Blockaden lösen und die Energie frei fließen lassen, was zu einer tiefen körperlichen und geistigen Entspannung führt.

4. Singen und Klangschale kombinieren: Während die Klangschale klingt, beginne, ein einfaches Mantra oder einen Vokal wie ‚Om' oder ‚Ah' zu singen. Der kombinierte Klang deiner Stimme und der Klangschale schafft eine mächtige Resonanz, die tiefer in dein Bewusstsein eindringen kann. Singe in einem Ton, der sich natürlich und angenehm anfühlt, und achte darauf, wie die Vibrationen deiner Stimme mit den Schwingungen der Klangschale interagieren. Diese Kombination kann eine tiefere meditative Erfahrung und ein Gefühl der Einheit erzeugen.

5. Resonanz und Entspannung vertiefen: Die Kombination aus dem Klang der Schale und deinem Gesang ist besonders wirkungsvoll, um vor der Meditation zu entspannen. Sie hilft, den Geist zu beruhigen und den Körper auf ein tiefes meditatives Erleben vorzubereiten. Lasse den Klang und die Schwingungen in dich

eindringen und fühle, wie sie alle Spannungen und Sorgen wegspülen. Diese Praxis kann eine ideale Vorbereitung auf deine anschließende stille Meditation sein, da sie Körper und Geist in einen Zustand tiefer Ruhe und Bereitschaft versetzt.

6. Regelmäßige Praxis: Indem du diese Techniken regelmäßig praktizierst, kannst du deine spirituelle Praxis vertiefen und zu einem Zustand tiefer innerer Ruhe und Harmonie gelangen. Beginne jeden Tag mit einigen Minuten dieser Klang- und Gesangsmeditation, um Stress abzubauen, mentale Klarheit zu erhöhen und eine tiefere Verbindung mit deinem Selbst zu fördern. Die tägliche Wiederholung hilft, diese wohltuenden Effekte zu verstärken und eine feste Grundlage für deine spirituelle Reise zu schaffen.

Durch das Einbinden von Gesang und Klangschalen in deine spirituelle Praxis öffnest du neue Wege zur Selbstentdeckung und Heilung. Diese Technik ist nicht nur leicht anzuwenden, sondern auch tiefgehend transformierend. Sie ermöglichen dir, eine tiefere Verbindung zu deinem inneren Selbst und zum Universum herzustellen. Ich habe oft erlebt, dass nach dem Singen und Spielen der Klangschalen plötzlich Einsichten auftauchen, die mir helfen, Probleme oder Blockaden zu lösen. Diese spontanen Erkenntnisse sind oft genau das, was ich brauche, um weiterzukommen oder schwierige Situationen zu meistern. Es fühlt sich an, als würden die Klänge und Schwingungen einen Raum schaffen, in dem Antworten und Klarheit ganz natürlich zu mir kommen.

In der folgenden Anleitung erfährst du Schritt für Schritt, wie du eine Klangmeditation mittels Tönen durchführen kannst. Lass dich am besten von den Schwingungen tragen - eine schöne Vorstellung, die mir selbst auch immer wieder Flügel verleiht - und entdecke auch hier die transformierende Kraft des Klangs.

1. Vorbereitung: Finde einen ruhigen, angenehmen Ort, an dem du für einige Minuten ungestört sein kannst. Setze dich in eine bequeme Position, die es dir erlaubt, tief und frei zu atmen. Dies kann ein Stuhl, ein Kissen auf dem Boden oder eine Meditationsbank sein. Schließe deine Augen, um äußere Ablenkungen zu minimieren und deine Aufmerksamkeit nach innen zu lenken.

2. Tiefes Atmen: Beginne damit, einige tiefe, bewusste Atemzüge zu nehmen. Atme langsam und tief durch die Nase ein und spüre, wie sich dein Bauch dabei ausdehnt. Atme durch den Mund oder die Nase aus und fühle, wie sich dein Bauch wieder zusammenzieht. Diese tiefe Atmung hilft dir, dich zu entspannen und dich auf die bevorstehende Übung vorzubereiten.

3. Tönen: Nachdem du einige tiefe Atemzüge genommen hast, wähle einen langen, einzelnen Ton für das Tönen. Ein bewährter Start ist ‚Om', der als universelle Schwingung gilt und häufig in meditativen Praktiken verwendet wird. Singe diesen Ton in einer angenehmen Tonhöhe, so lange und so gleichmäßig wie möglich.

Spüre, wie der Klang aus deinem Inneren kommt und sich in deinem ganzen Körper ausbreitet.

4. Fokus auf Vibrationen: Konzentriere dich auf die Vibrationen, die durch das Singen des Tons entstehen. Fühle, wie sie durch deinen Körper fließen, insbesondere durch Bereiche wie die Brust, den Hals und den Kopf. Achte auf die feinen Empfindungen, die jede Vibration mit sich bringt, und lasse dich von ihnen tragen. Diese Vibrationen können dir helfen, dich noch tiefer zu entspannen und eine innere Ruhe zu finden.

5. Ausklingen und Wiederholen: Lass den Ton natürlich ausklingen und spüre nach, wie die letzten Schwingungen langsam verblassen. Pausiere einen Moment in der Stille und nimm die Ruhe und Gelassenheit wahr, die sich in dir ausbreitet. Wiederhole dann den Ton. Führe diese Übung für mehrere Minuten durch, um ein tiefes Gefühl der Ruhe und Zentrierung zu erreichen. Mit jeder Wiederholung kannst du tiefer in die Meditation eintauchen und eine stärkere Verbindung zu deinem inneren Selbst herstellen.

Durch regelmäßige Praxis dieser Übung kannst du nicht nur Stress und Angst abbauen, sondern auch deine Achtsamkeit und Konzentration erheblich verbessern. Die klangbasierte Meditation fördert ein tiefes Gefühl des inneren Friedens und trägt wesentlich zur Steigerung deines allgemeinen Wohlbefindens bei. Durch die innere Ruhe und die Zentriertheit, die sich einstellt, kannst du eine verbesserte Anbindung an dein höheres Selbst, an das ewige Bewusstsein und an das große Ganze spüren.

Obertongesang und seine spirituellen Anwendungen

Einer der faszinierendsten Aspekte der fortgeschrittenen Stimmarbeit ist zweifellos der Obertongesang. Diese beeindruckende Gesangstechnik ermöglicht es, mehrere Töne gleichzeitig zu erzeugen und eröffnet damit ganz neue Wege in der Meditation und spirituellen Erkundung. Der Obertongesang ist tief in den schamanischen Traditionen Sibiriens und der mongolischen Khöömei-Kunst verwurzelt und bietet eine kraftvolle Methode, um deine spirituelle Praxis zu bereichern. Dieser Gesang, auch bekannt als ‚Throat Singing' oder ‚Kehlgesang', ist eine einzigartige Gesangstechnik, die es dem Sänger ermöglicht, zwei oder mehr Töne gleichzeitig zu erzeugen. Diese Technik nutzt die Obertöne, die natürlicherweise in jedem Ton vorhanden sind, und verstärkt sie, sodass ein schwebender, ätherischer Klang entsteht. Diese Fähigkeit, über die normale stimmliche Tonproduktion hinauszugehen, hat den Obertongesang zu einem wichtigen Element in vielen spirituellen und kulturellen Praktiken gemacht.

Er hat seine Wurzeln in den schamanischen Traditionen Sibiriens und der Mongolei, insbesondere in der Khöömei-Kunst. Diese Kulturen nutzen den Gesang nicht nur zur Unterhaltung, sondern vor allem für rituelle und spirituelle Zwecke. In schamanischen Ritualen wird der Obertongesang verwendet, um mit Geistern zu kommunizieren, Heilung zu fördern und Trancezustände zu erreichen. Die Klänge sollen die Verbindung zwischen dem Diesseits und dem Jenseits stärken und den Schamanen helfen, in spirituelle Welten zu reisen.

In der modernen Praxis wird er zunehmend in der Meditation und der spirituellen Entwicklung eingesetzt. Die Fähigkeit, mehrere Töne gleichzeitig zu erzeugen, hilft den Geist zu fokussieren und tiefe meditative Zustände zu erreichen. Die Vibrationen und Resonanzen, die durch diese Gesangstechnik erzeugt werden, können eine heilende Wirkung auf den Körper haben, indem sie energetische Blockaden lösen und das Gleichgewicht im Körper wiederherstellen. Viele Praktizierende verwenden den Obertongesang, um ihre Meditationspraxis zu vertiefen. Die komplexen Klänge und die konzentrierte Atemtechnik, die dafür erforderlich sind, unterstützen die Meditierenden dabei, einen Zustand tiefer Ruhe und Klarheit zu erreichen. Die Schwingungen der Töne können helfen, den Geist zu beruhigen und eine tiefe Verbindung zum inneren Selbst herzustellen. Neben der spirituellen Anwendung findet der er auch therapeutische Nutzung. Klangtherapeuten setzen ihn ein, um emotionale und physische Heilungsprozesse zu unterstützen. Die harmonischen Töne können dazu beitragen, Stress abzubauen, das Immunsystem zu stärken und die allgemeine Gesundheit und das Wohlbefinden zu verbessern.[21]

---

21 Siehe auch Kapitel 1.

Diese Übung hilft dir als Anfänger, die Grundlagen des Obertongesangs zu erlernen und erste Erfolge zu erzielen. Hier ist eine Schritt-für-Schritt-Anleitung:

Vorbereitende Schritte:

1. Ort: Wähle einen ruhigen Ort, an dem du ungestört üben kannst.

2. Haltung: Stehe oder sitze aufrecht, um die Atemwege frei zu halten.

3. Entspannung: Entspanne deinen Körper und Geist durch einige tiefe Atemzüge.

Übungsschritte

1. Grundton finden:
    - Beginne mit einem tiefen, entspannten Ton, der für dich bequem ist.
    - Halte diesen Ton gleichmäßig und stabil.

2. Mund- und Zungenstellung:
- Forme deinen Mund wie bei einem ‚O', dann wechsle langsam zu einem ‚Ü'. Setze den Ton wieder in die Maske[22].
- Experimentiere mit verschiedenen Mundöffnungen, um Resonanzen zu finden.

3. Zungenbewegung
- Bewege deine Zunge langsam von vorne nach hinten in deinem Mund.

---

[22] *Siehe S. 62.*

- Finde eine Position, in der die Obertöne am deutlichsten hervortreten.

4. Harmonische Obertöne verstärken

- Halte den Grundton stabil und versuche, die Obertöne durch minimale Veränderungen der Zungen- und Mundstellung zu verstärken.

5. Atmung

- Atme tief und gleichmäßig durch das Zwerchfell.
- Vermeide es, die Luft anzuhalten oder zu pressen; der Atem sollte frei fließen.

6. Kontinuierliches Üben

  - Übe täglich für 10–15 Minuten.
  - Geduld und regelmäßige Übung sind der Schlüssel zum Erfolg.

Tipps für den Erfolg:

- Geduld haben: Obertongesang erfordert Zeit und Geduld. Es ist normal, dass es einige Zeit dauert, bis du die Technik beherrschst.
- Aufnahme machen: Nimm dich selbst auf, um deinen Fortschritt zu verfolgen und Verbesserungsmöglichkeiten zu erkennen.
- Mentor suchen: Wenn möglich, finde einen erfahrenen Lehrer oder Mentor, der dir Feedback geben und dir helfen kann, deine Technik zu verfeinern.

Chanting als transformative Praxis

Oft besteht etwas Unklarheit, was das Chanten auf sich hat. Daher möchte ich zunächst hier Klarheit schaffen. Chanten bezieht sich auf das rhythmische, manchmal sogar monotone Rezitieren von Wörtern, Phrasen oder Silben. Diese Praxis wird häufig in spirituellen oder religiösen Kontexten verwendet und kann sowohl still als auch laut ausgeführt werden. Meist ist das Ziel des Chantens, eine meditative oder transzendente Stimmung zu erzeugen, den Geist zu fokussieren und spirituelle Ziele zu erreichen.

Chanten kann in verschiedenen Formen auftreten. Hier einige Beispiele:

1. Mantra-Chanten: Dies ist eine der bekanntesten Formen des Chantens, bei der bestimmte heilige Silben oder Phrasen, wie ‚Om' oder 'Om Mani Padme Hum', wiederholt werden. Diese Mantras haben in der Regel eine tiefere spirituelle Bedeutung und werden verwendet, um den Geist zu beruhigen und eine Verbindung zum Göttlichen herzustellen.

2. Gregorianischer Choral: Eine westliche Form des religiösen Chantens, bei der lateinische Texte in einem rhythmischen und melodischen Stil gesungen werden, oft in katholischen Liturgien.

3. Bhajans[23] und Kirtans: In der hinduistischen Tradition werden diese spirituellen Lieder oder Gesänge in der Gruppe gesungen und oft von musikalischen Instrumenten begleitet. Sie dienen der Verehrung und dem Lobpreis von Gottheiten.

4. Sutra-Rezitationen: In der buddhistischen Praxis werden oft Sutras, das sind heilige Texte, in einer gleichmäßigen,

---

[23] *Bhajans sind spirituelle Lieder, die aus der indischen Tradition stammen. Sie sind ein fester Bestandteil der hinduistischen Andachtskultur und dienen dazu, göttliche Wesen, spirituelle Meister oder Heilige zu verehren und zu ehren. Bhajans sind meistens in Sanskrit, Hindi oder regionalen indischen Sprachen verfasst und können sowohl alleine als auch in Gruppen gesungen werden.*
Hier sind einige wesentliche Merkmale von Bhajans:
1. *Spiritueller Inhalt: Bhajans haben tief spirituelle Texte, die oft Geschichten und Lehren aus den heiligen Schriften erzählen. Sie loben und preisen Gottheiten wie Krishna, Shiva, Rama, Durga und viele andere.*
2. *Musikalische Vielfalt: Die Musikstile von Bhajans variieren stark. Sie können schlicht und melodiös sein, aber auch sehr rhythmisch und dynamisch. Traditionelle indische Instrumente wie Tabla, Harmonium und Dholak begleiten oft die Gesänge.*
3. *Gemeinschaftliche Erfahrung: Bhajans werden häufig in Tempeln, bei religiösen Festen, spirituellen Versammlungen oder zu Hause gesungen. Das gemeinsame Singen fördert ein Gefühl der Gemeinschaft und spirituellen Verbundenheit.*
4. *Einfachheit: Viele Bhajans sind einfach strukturiert, was es den Menschen leicht macht, mitzusingen, auch wenn sie die Sprache nicht perfekt beherrschen oder keine musikalische Ausbildung haben.*
5. *Emotionale Tiefe: Die Wiederholung und die meditative Qualität der Melodien und Texte können tiefe emotionale und spirituelle Erfahrungen hervorrufen. Das Singen von Bhajans wird oft als eine Form des Bhakti-Yoga angesehen, bei dem Hingabe und Liebe zu Gott im Mittelpunkt stehen.*
Bhajans sind nicht nur ein musikalischer Ausdruck, sondern auch eine spirituelle Praxis, die den Geist beruhigen, das Herz öffnen und eine tiefere Verbindung zum Göttlichen fördern kann. Weitere Hinweise findest du bei hinduismstoday.com

rhythmischen Weise rezitiert.

Das Chanten unterscheidet sich vom gewöhnlichen Sprechen durch seine rhythmische und oft wiederholende Natur. Es hat das Ziel, eine bestimmte Schwingung oder Energie zu erzeugen, die sowohl beruhigend als auch erhebend wirken kann. Eine weitere Frage, die sich in diesem Zusammenhang oft stellt, ist jene: Was ist der Unterschied zwischen Singen und Chanten? Oder gibt es überhaupt einen? Singen ist normalerweise mit einer musikalischen Melodie und oft mit variierenden Tonhöhen verbunden, chanten ist in der Regel eine einfachere, repetitivere Form des Singens oder Sprechens. Im religiösen und spirituellen Kontext wird das Chanten oft verwendet, um Meditation zu unterstützen, eine bestimmte Atmosphäre zu schaffen oder spirituelle Energien zu mobilisieren.

Zur Verdeutlichung habe ich hier einige Unterschiede und Gemeinsamkeiten zwischen Chanten und Singen zusammengetragen:

Chanten:
- Kann monoton oder mit sehr wenig Tonhöhenvariation sein, muss aber nicht sein.
- Wird oft in einem regelmäßigen, rhythmischen Muster wiederholt.
- Kann sowohl gesprochen als auch gesungen werden.
- Wird häufig in religiösen und spirituellen Praktiken verwendet.

Singen:
- Beinhaltet normalerweise eine musikalische Melodie mit variierenden Tonhöhen.

- Kann sowohl in religiösen als auch in nicht-religiösen Kontexten verwendet werden.
- Ist oft melodischer und weniger repetitiv als Chanten.

Das Chanten von Mantras oder heiligen Texten ist eine transformative Praxis, die ihre Wurzeln in den ältesten spirituellen Traditionen der Welt hat. Diese Praxis ist in vielen Kulturen verbreitet und dient nicht nur der spirituellen Erhebung, sondern auch der emotionalen und energetischen Reinigung. Durch das Chanten können wir tiefgreifende Veränderungen in unseren Energiezentren oder Chakren bewirken, was wiederum zu einer Harmonisierung unseres gesamten Wesens führt. Ich habe dir nun eine Chanting-Übung mitgebracht. Es ist eine Mantra-Übung für das Herzchakra.

Schritt-für-Schritt-Anleitung

Das Herzchakra ist das Zentrum der Liebe und des Mitgefühls in unserem energetischen System. Um dieses Chakra zu stärken und zu öffnen, gibt es spezielle Mantras, die diese Qualitäten fördern. Das Mantra 'Yam' ist traditionell mit dem Herzchakra assoziiert und wird verwendet, um Liebe, Mitgefühl und emotionales Wohlbefinden zu fördern.

1. Vorbereitung: Finde einen ruhigen und angenehmen Ort, wo du ungestört sein kannst. Setze dich in eine bequeme, aufrechte Position, die es dir ermöglicht, tief und frei zu atmen. Schließe

deine Augen, um deine Aufmerksamkeit nach innen zu richten.

2. Atmung: Beginne mit einigen tiefen, beruhigenden Atemzügen. Atme langsam ein und aus, und spüre, wie sich dein Körper mit jedem Atemzug mehr entspannt.

3. Chanten des Mantras: Nachdem du dich zentriert und beruhigt hast, beginne das Mantra ‚Yam' zu chanten. Sprich oder singe es klar und mit Intention. Chante das Mantra kontinuierlich für mehrere Minuten. Du kannst das Mantra laut aussprechen oder es leise für dich wiederholen, je nachdem, was für dich in dem Moment passender ist.

4. Fokus hier auf das Herzchakra: Während du das Mantra chantest, konzentriere deine Aufmerksamkeit auf die Region deines Herzens. Stelle dir vor, wie jede Wiederholung des Mantras das Herzchakra mehr öffnet und stärkt, und wie Liebe und Mitgefühl durch dich strömen.

5. Abschluss und Reflexion: Nachdem du das Mantra für eine angemessene Zeit gechantet hast, lass die Wiederholungen langsam ausklingen und verweile einen Moment in Stille. Spüre die Wirkungen der Übung und reflektiere über die Gefühle von Liebe und Verbundenheit, die du vielleicht erlebst.

Du wirst feststellen, dass das Chanten eine kraftvolle Methode, um nicht nur in direkte Verbindung mit den spirituellen Dimensionen deines Seins zu treten, sondern auch um konkrete Veränderungen in deinem emotionalen und physischen Zustand zu bewirken. Indem du diese Praxis regelmäßig integrierst, kannst du eine tiefe Transformation erleben und ein größeres Maß an innerem Frieden und Harmonie in dein Leben bringen.

Die Rolle der Stille in der Stimmpraxis

In der Welt der Klänge spielt nicht nur der Klang eine zentrale Rolle, sondern auch die Stille. Die Töne kommen aus der Stille und kehren dorthin zurück. Stille nach dem Chanten, Tönen oder Singen bietet somit einen wertvollen Raum, um die durch die Stimmarbeit freigesetzten Schwingungen und Energien zu absorbieren und zu verarbeiten. Dieser Moment des Schweigens ermöglicht eine Verbindung mit dem Inneren und verstärkt das Erlebnis der zuvor aktivierten Energie. Stille ist nicht einfach das Fehlen von Klang. Sie ist eine aktive, kraftvolle Präsenz, die es dir ermöglicht, tiefer in das Erlebte einzutauchen. Nach intensiven Stimmübungen kann die Stille dazu beitragen, die geistigen und körperlichen Echos der Klänge zu verarbeiten. Du kannst nämlich durch diese Stille die subtilen Nachwirkungen der Töne auf dein energetisches System wahrnehmen und die durch das Chanten erzeugten Veränderungen auf einer tieferen Ebene integrieren.

Schritt-für-Schritt-Anleitung

1. Vorbereitung: Plane deine Zeit so ein, dass du am Ende genügend Zeit hast, dich der Stille zu widmen. Eine gut durchdachte

Übungssession schließt ohnehin immer mit einer Phase des Schweigens ab.

2. Abschluss deiner Klangübung: Starte deine Klangübung und beende dein Chanten oder Singen mit einem letzten langgezogenen Ton, der langsam ausklingt. Lasse diesen Ton ganz bewusst in die Stille übergehen. Atme tief ein und dann langsam aus, um den Übergang zur Stille zu markieren.

3. In der Stille sitzen: Setze oder lege dich bequem hin und schließe die Augen. Konzentriere dich auf deinen Atem und lasse alle aktiven Anstrengungen los. Spüre, wie die Ruhe über dich kommt und sich in deinem Körper und Geist ausbreitet.

4. Beobachten und fühlen: Achte auf die Empfindungen, die in der Stille nach dem Chanten auftreten. Vielleicht bemerkst du ein Nachklingen der Töne, ein Gefühl der Weite oder eine neu entdeckte Ruhe in deinem Herzen.

5. Integration: Erlaube dir, in dieser Stille zu verweilen und die gesammelten Erfahrungen zu absorbieren. Dies ist ein Moment der Integration, in dem die geistige und emotionale Wirkung der Stimmpraxis sich voll entfaltet.

6. Abschluss: Wenn du bereit bist, die Stille zu beenden, tue dies mit einer sanften und langsamen Bewegung. Öffne langsam deine Augen und kehre allmählich zu normalen körperlichen Bewegungen zurück. Nimm dir einen Moment, um die

Übergänge zwischen Klang, Stille und alltäglicher Aktivität bewusst zu erleben.

Durch die bewusste Integration von Stille nach dem Chanten oder Singen kannst du die Vorteile deiner Stimmpraxis maximieren. Sie ermöglicht es nicht nur, die Energieeffekte zu vertiefen, sondern auch deine Selbstwahrnehmung und innere Ruhe zu fördern. Nutze diese Momente der Stille, um deine spirituelle Reise zu bereichern und eine tiefere Harmonie in deinem Leben zu fördern.

Die Kraft der Vokalresonanz

Die Kraft der Vokalresonanz in deiner Stimme bietet eine weitere beeindruckende Möglichkeit, physische sowie energetische Blockaden zu lösen und tiefgreifende Heilungsprozesse zu fördern. Die bewusste Nutzung dieser Vokalresonanz kann eine wesentliche Rolle dabei spielen, deine innere Harmonie zu verbessern und das Gleichgewicht deiner Chakren zu stabilisieren.

Verstehen der Vokalresonanz

Jeder Ton, den du erzeugst, trägt eine bestimmte Frequenz, die weit über das hörbare Spektrum hinaus wirken kann. Diese Frequenzen haben die Fähigkeit, gezielt verschiedene Bereiche deines Körpers und Geistes anzusprechen, abhängig von ihrer spezifischen Schwingungseigenschaft. Wenn diese Töne in Resonanz mit deinen Chakren gehen, können sie eine harmonisierende und aktivierende Wirkung auf diese Energiezentren ausüben. Dies kann zu einer verbesserten physischen Gesundheit, emotionalem Gleichgewicht und gesteigertem Wohlbefinden führen. Die gezielte Anwendung dieser Frequenzen kann daher ein kraftvolles Mittel sein, um die innere Balance wiederherzustellen und die Lebensqualität zu erhöhen.

Schritt-für-Schritt-Anleitung

Das Stirnchakra, auch bekannt als das dritte Auge, ist das Zentrum der Intuition und geistigen Klarheit. Die Verwendung des Mantras ‚Om' ist besonders effektiv, um dieses Chakra zu stimulieren, da es traditionell mit höherem Bewusstsein und der Verbindung zum Göttlichen assoziiert wird.

1. Vorbereitung: Finde einen ruhigen und bequemen Ort, an dem du ungestört sein kannst. Setze dich in eine meditative Haltung, die es dir ermöglicht, deinen Rücken gerade zu halten, ohne steif zu wirken. Schließe deine Augen und richte deine Aufmerksamkeit nach innen, um eine entspannte und konzentrierte Haltung zu erreichen.

2. Mantren- oder Silbenwahl: Beginne, das Mantra ‚Om' zu chanten. Dieses Mantra erzeugt eine tiefe und beruhigende Frequenz, die besonders wirksam das Stirnchakra anspricht. Lasse den Ton sanft und gleichmäßig durch deinen Körper vibrieren.

3. Fokussierung: Während du das Mantra chantest, konzentriere dich darauf, wie die Vibrationen des Tons ‚Om' von der Basis

deines Halses aufsteigen und durch dein Stirnchakra fließen. Visualisiere, wie jede Vibration wie ein Lichtstrahl durch deinen Geist strömt und Klarheit sowie Einsicht bringt.

4. Resonanz spüren: Spüre bewusst, wie jede Vibration tiefere Schichten deines Bewusstseins berührt und zur Erweiterung deiner spirituellen Wahrnehmung beiträgt. Nimm wahr, wie Blockaden sich lösen und dein Geist sich immer mehr öffnet, sodass ein Gefühl von Frieden und innerem Gleichgewicht entsteht.

5. Abschluss: Nachdem du einige Minuten gechantet hast, lass die Klänge langsam abklingen und verbringe einige Augenblicke in stiller Meditation. Reflektiere über die gefühlten Effekte und die Veränderungen in deinem Bewusstseinszustand. Spüre die neue Klarheit und das gesteigerte Bewusstsein, das durch die Aktivierung deines Stirnchakras entstanden ist.

Diese praktische Übung zur Vokalresonanz stärkt gezielt dein Stirnchakra, das Zentrum der Intuition und geistigen Klarheit. Durch das gezielte Chanting des Mantras ‚Om' förderst du nicht nur die energetische Harmonisierung deines Stirnchakras, sondern erreichst auch hier wieder eine tiefere Verbindung zu deinem inneren Selbst. Dies kann zu verbesserter geistiger Klarheit, erhöhter Intuition und einem erweiterten Bewusstsein führen, was dir in deinem beruflichen und persönlichen Leben zugutekommt. Die regelmäßige Praxis dieser Übung kann darüber hinaus dazu beitragen, mentale Blockaden zu lösen und deinen Geist für neue Erkenntnisse und kreative Lösungen zu öffnen.

Stimmübungen in Gruppensettings

Während die individuelle Praxis der Stimmübungen essenziell für deine persönliche Entwicklung ist, kann das gemeinsame Praktizieren in Gruppen deine spirituelle Erfahrung erheblich vertiefen und die zwischenmenschliche Verbundenheit stärken. Gruppengesänge und -chants erzeugen ein kraftvolles energetisches Feld, das nicht nur individuelle, sondern auch kollektive Heilungsprozesse unterstützen kann.

Atmosphäre der Gruppenpraxis

Die kollektive Ausführung von Stimmübungen schafft eine Atmosphäre der Einheit und des gemeinschaftlichen Erlebens. Diese Verbundenheit kann ein tiefes Gefühl von Unterstützung und Sicherheit bieten, was oft dazu führt, dass sich die Teilnehmenden offener und empfänglicher für die spirituellen Aspekte der Übungen zeigen. Zudem kann das gemeinsame Schwingen der Stimmen eine verstärkte Resonanz erzeugen, die die Wirkung der Praxis intensiviert und die Teilnehmenden auf einer tieferen Ebene erreicht.

In meinen Erfahrungen als Gruppenleiterin zahlreicher Veranstaltungen habe ich immer wieder die transformative Kraft gemeinsamer Stimmübungen beobachten können. Die Menschen fühlen sich durch den Klang magisch mit der Gemeinschaft verbunden, während jeder Einzelne gleichzeitig eine tiefere Verbindung zu sich selbst erlebt. Es ist faszinierend zu sehen, wie die Stimmen der Teilnehmenden sich zu einem harmonischen Klangteppich verweben und dabei eine Atmosphäre der Einheit und des Friedens schaffen. Stellt man sich noch in den Kreis der Sänger und hat das Erlebnis, sich mit den Stimmen besingen zu lassen, dann kann man förmlich diese wundervolle Energie spüren, die sich entwickelt.

Eine besondere Erfahrung, die ich immer wieder mache, ist jene, wenn sich die Menschen der Gruppe zunächst fremd sind. Zu Beginn der Sitzung ist meist die Stimmung etwas zurückhaltend und manchmal sogar etwas angespannt, vor allem seitens jener Teilnehmer, die sich noch nichts unter dem gemeinsamen Klingen vorstellen können. Doch wenn wir dann mit den gemeinsamen Chanten, Tönen, oder Singen beginnen, spürt man förmlich, wie die Barrieren fallen. Die Vibrationen der Stimmen breiten sich im Raum aus und schaffen eine energetische Verbindung zwischen den Teilnehmenden. Am Ende der Session berichten viele von einem tiefen Gefühl der Verbundenheit und einer inneren Ruhe, die sie so zuvor noch nie erlebt hatten.

Einige Male konnte ich auch innerhalb einer Gruppe, die sich aus Menschen mit verschiedenen kulturellen Hintergründen zusammen-setzte ganz besondere Erfahrung machen. Durch das gemeinsame Chanten wurden die scheinbar existierenden kulturelle Unterschiede überwunden, und es entstand ein starkes Gefühl der Gemeinschaft und des gegenseitigen Respekts. Die Teilnehmenden fühlten sich nicht nur mit der Gruppe, sondern auch mit ihren eigenen kulturellen Wurzeln stärker verbunden. Diese Erfahrung zeigte eindrucksvoll, wie Stimmübungen Brücken bauen und das Verständnis füreinander fördern können.

Spezifische Vorteile für die Teilnehmenden

- Vertiefte spirituelle Erfahrung: Die kollektive Resonanz der Stimmen verstärkt die Wirkung der Stimmübungen, wodurch eine tiefere spirituelle Erfahrung ermöglicht wird. Die Teilnehmenden berichten oft von einer erhöhten Klarheit und einem tieferen Verständnis ihrer eigenen inneren Prozesse.

- Gefühl der Einheit und Unterstützung: Das gemeinsame Erleben schafft ein starkes Gefühl der Einheit und Unterstützung. Dies kann besonders hilfreich sein, um persönliche Herausforderungen zu überwinden und sich sicher und geborgen zu fühlen.

- Verstärkte Heilungsprozesse: Die energetische Dynamik, die durch die Gruppe erzeugt wird, unterstützt sowohl individuelle als auch kollektive Heilungsprozesse. Viele Teilnehmende fühlen sich nach den Sessions revitalisiert und emotional ausgeglichen.

- Erhöhte Offenheit und Empfänglichkeit: Die sichere und unterstützende Atmosphäre fördert eine erhöhte Offenheit und Empfänglichkeit für die spirituellen Aspekte der Übungen. Dies kann zu tieferen Einsichten und einer stärkeren Verbindung zum eigenen Selbst führen.

Stimmübungen in Gruppensettings bieten eine kraftvolle Möglichkeit, sowohl persönliche als auch kollektive spirituelle Erfahrungen zu vertiefen. Die gemeinsame Praxis stärkt die zwischenmenschliche Verbundenheit, unterstützt Heilungsprozesse und schafft eine Atmosphäre, in der sich jeder Einzelne sicher und getragen fühlt. Durch meine eigenen Erfahrungen als Gruppenleiter inkann ich bestätigen, dass diese Praxis eine transformative Wirkung hat, die weit über das hinausgeht, was durch individuelle Übungen allein erreicht werden kann. Ganz schön ist es, wenn man sich versammelt, um gute Energie für eine nicht anwesende Person zu erzeugen, die Heilung und Gesundung benötigt.

Reflexion und fortlaufende Anpassung

Die Praxis der Stimmübungen ist ein dynamischer Prozess, der regelmäßige Reflexion und Anpassung erfordert. Indem du auf die Reaktionen deines Körpers und Geistes achtest, kannst du deine Praktiken kontinuierlich verfeinern und sie besser auf deine sich entwickelnden spirituellen Bedürfnisse abstimmen. Diese bewusste Herangehensweise hilft dir nicht nur, deine stimmlichen Fähigkeiten zu verbessern, sondern auch tiefer in die spirituelle Dimension deiner Praxis einzutauchen.

Führen eines spirituellen Tagebuchs

Das Führen eines spirituellen Tagebuchs ist eine ausgezeichnete Methode, um deine Erfahrungen, Fortschritte sowie die emotionalen und spirituellen Reaktionen auf deine Stimmpraxis festzuhalten. Hier sind einige spezifische Gründe, warum dies besonders wertvoll sein kann:

1. Dokumentation des Fortschritts: Ein spirituelles Tagebuch ermöglicht es dir, deinen Fortschritt über die Zeit hinweg systematisch zu verfolgen. Du kannst detaillierte Aufzeichnungen darüber machen, welche Übungen du praktiziert hast, wie du dich dabei gefühlt hast und welche Veränderungen du bemerkt hast. Dies kann besonders motivierend sein, wenn du nach einiger Zeit zurückblickst und erkennst, wie weit du gekommen bist. Es hilft dir, kleine und große Erfolge zu feiern und dich weiterhin zu engagieren.

2. Tiefergehende Einsichten: Durch das Aufschreiben deiner Erfahrungen kannst du Muster und wiederkehrende Themen erkennen, die dir während der Praxis selbst möglicherweise nicht bewusst waren. Vielleicht bemerkst du, dass bestimmte Übungen immer dann besonders gut funktionieren, wenn du in einer bestimmten Stimmung bist, oder dass bestimmte Mantras spezifische emotionale Reaktionen hervorrufen. Diese tiefergehenden Einsichten können dir helfen, deine spirituellen und stimmlichen Praktiken besser zu verstehen und gezielt weiterzuentwickeln.

3. Emotionale Verarbeitung: Das Aufschreiben deiner Gedanken und Gefühle nach intensiven Übungssitzungen kann eine therapeutische Wirkung haben. Es bietet dir einen sicheren

Raum, um Emotionen und Erlebnisse zu verarbeiten und zu integrieren. Du kannst reflektieren, warum bestimmte Übungen starke emotionale Reaktionen ausgelöst haben und wie du diese Erfahrungen in deinen Alltag integrieren kannst. Diese Praxis kann dir helfen, emotionale Blockaden zu erkennen und aufzulösen, was zu einem tieferen emotionalen und spirituellen Wachstum führt.

4. Anpassung der Praxis: Dein Tagebuch dient als wertvolle Ressource, um zu identifizieren, welche Aspekte deiner Praxis am effektivsten sind und welche möglicherweise angepasst werden müssen. Wenn du regelmäßig notierst, wie du auf verschiedene Übungen reagierst, kannst du gezielt Veränderungen vornehmen, um deine spirituellen Ziele besser zu unterstützen. Du kannst zum Beispiel feststellen, dass du morgens eine andere Stimmpraxis benötigst als abends oder dass bestimmte Frequenzen oder Mantras in bestimmten Lebensphasen besonders heilsam sind.

Praktische Tipps zum Führen eines spirituellen Tagebuchs:

- Regelmäßigkeit: Versuche, täglich oder zumindest nach jeder Übungssitzung in dein Tagebuch zu schreiben. Dies hilft dir, kontinuierliche Fortschritte zu erkennen und deine Praxis konsistent zu halten.

- Details festhalten: Notiere nicht nur, welche Übungen du gemacht hast, sondern auch, wie du dich dabei gefühlt hast, welche

Gedanken und Emotionen aufgetaucht sind und welche körperlichen Reaktionen du bemerkt hast.

- Reflexion: Nimm dir regelmäßig Zeit, um deine Einträge zu überprüfen und Muster oder wiederkehrende Themen zu erkennen. Dies kann dir wertvolle Einsichten in deinen spirituellen Weg und deine persönliche Entwicklung geben.

- Offenheit und Ehrlichkeit: Sei ehrlich und offen in deinen Aufzeichnungen. Dein Tagebuch ist ein sicherer Raum, in dem du alle deine Erfahrungen und Gefühle ausdrücken kannst, ohne Bewertung oder Kritik.

Durch das Führen eines spirituellen Tagebuchs schaffst du eine kontinuierliche Reflexionspraxis, die dir hilft, deine spirituelle Reise bewusster und achtsamer zu gestalten. Es unterstützt dich dabei, tiefere Einsichten zu gewinnen, emotionale Prozesse zu verarbeiten und deine stimmlichen und spirituellen Übungen optimal auf deine individuellen Bedürfnisse abzustimmen. Diese bewusste und strukturierte Herangehensweise kann zu einem erfüllteren und bewussteren Leben führen, indem sie dir hilft, deine innere Welt besser zu verstehen und zu pflegen.

Wissenschaftliche Perspektive des Tagebuchführens

Aus wissenschaftlicher Sicht unterstützt die Reflexion und Dokumentation in einem Tagebuch die sogenannte metakognitive Fähigkeit – das Denken über das Denken. Studien im Bereich der kognitiven Psychologie haben gezeigt, dass metakognitives Bewusstsein zu tieferem Lernen und verbessertem Problemlösungsvermögen führen kann. Indem du deine Gedanken und Erfahrungen regelmäßig festhältst, förderst du nicht nur dein Verständnis deiner eigenen mentalen Prozesse, sondern auch deine Fähigkeit, diese aktiv zu steuern und zu optimieren.

Metakognition in der spirituellen Stimmpraxis

Übertragen auf die spirituelle Stimmpraxis bedeutet dies, dass du durch gezielte Reflexion nicht nur deine Technik verfeinern kannst, sondern auch ein tieferes Verständnis und Bewusstsein für die spirituellen Aspekte deiner Übungen entwickelst. Indem du bewusst über deine Erfahrungen nachdenkst, erkennst du Muster und Zusammenhänge, die dir helfen, deine Praxis effektiver und gezielter zu gestalten. Die kontinuierliche Dokumentation deiner Praxis in einem Tagebuch ermöglicht es dir, Fortschritte und Herausforderungen klar zu identifizieren. Dies ist besonders wichtig, da du so nachvollziehen kannst, welche Techniken und Übungen am besten für dich funktionieren und welche möglicherweise angepasst werden müssen. Durch dieses proaktive Management deiner Praxis kannst du sicherstellen, dass du stets auf dem richtigen Weg bist und deine spirituellen Ziele erreichst.

Motivation und kontinuierliche Entwicklung

Es ist wichtig, die Reflexion und Anpassung als integrale Bestandteile deiner Praxis zu betrachten. Diese Herangehensweise hält deine

Übungen lebendig und stellt sicher, dass sie stets an deine sich wandelnden Bedürfnisse angepasst sind. Indem du regelmäßig reflektierst und deine Praxis anpasst, öffnest du dich für eine kontinuierliche persönliche und spirituelle Entwicklung. Die Wissenschaft bestätigt, dass Reflexion und metakognitive Praktiken tiefgreifende positive Auswirkungen auf das Lernen und die persönliche Entwicklung haben können. Indem du diese Methoden in deine spirituelle Stimmpraxis integrierst, schaffst du die Grundlage für eine erfüllende und transformative Reise. Nutze die Macht der Reflexion, um deine Praxis kontinuierlich zu verbessern und ein tieferes Verständnis und Bewusstsein zu entwickeln. Dies wird dir nicht nur helfen, deine stimmlichen Fähigkeiten zu maximieren, sondern auch dein spirituelles Wachstum zu fördern und zu vertiefen.

Im nächsten Kapitel werden wir spezifische Beispiele und persönliche Geschichten von Einzelpersonen und Gemeinschaften betrachten, die ihre spirituelle Praxis durch die Stimmarbeit tiefgreifend transformiert haben. Sie sollen dich nicht nur inspirieren, sondern auch praktische Beispiele dafür bieten, wie die Techniken aus diesem Kapitel erfolgreich angewandt werden können.

Kapitel 4: Storypower der Transformation

Dieses Kapitel widmet sich den inspirierenden Geschichten von Menschen, die die transformative Kraft der Stimme in ihrer spirituellen Praxis erfahren haben. Durch eine Sammlung von Fallstudien aus verschiedenen Kulturen und spirituellen Hintergründen veranschaulichen wir die universelle Bedeutung und Vielfalt der Stimmnutzung in der spirituellen Entwicklung.

Heilung durch Obertöne

Das erste der Beispiele, erzählt die Geschichte von Maria, einer Musiktherapeutin, deren Leben sich durch die Entdeckung des Obertongesangs tiefgreifend verändert hat. Maria litt jahrelang unter chronischen Schmerzen, die nicht nur ihre physische Gesundheit beeinträchtigten, sondern auch ihr emotionales und geistiges Wohlbefinden. In ihrer Suche nach Linderung stieß sie auf die Praxis des Obertongesangs, der ja, wie wir erfahren haben, tief in schamanischen und traditionellen Musikpraktiken verwurzelt ist. Maria begann, täglich Obertöne zu üben, indem sie sich auf die Erzeugung und Kontrolle dieser speziellen Klänge konzentrierte. Sie bemerkte schnell, dass die erzeugten Schwingungen eine sofortige Linderung ihrer Schmerzen bewirkten. Aber die Vorteile gingen weit darüber hinaus. Die Praxis beeinflusste auch ihr geistiges Wohlbefinden positiv und führte zu einer tieferen, meditativen Ruhe und Klarheit. Durch die regelmäßige Ausübung des Obertongesangs erlebte Maria nicht nur eine physische Heilung, sondern auch tiefgreifende spirituelle Erkenntnisse. Diese Erfahrungen waren so prägend, dass sie beschloss, ihre Karriere neu auszurichten. Maria nutzte ihre neu gewonnenen Kenntnisse und Fähigkeiten, um anderen durch Klangheilung zu helfen. In ihrer neuen Rolle als Musiktherapeutin nutzt Maria den Obertongesang sowohl in Gruppenmeditationen als auch in Einzelsitzungen. Sie schafft ein Umfeld, das nicht nur der Heilung dient, sondern den Teilnehmenden auch ermöglicht, sich emotional auszudrücken und eigene spirituelle Wege zu erkunden. Ihre Sitzungen sind darauf ausgerichtet, das innere Gleichgewicht ihrer Klienten zu fördern und ihnen Werkzeuge an die Hand zu geben, um mit emotionalen und physischen Herausforderungen umzugehen.

Marias Geschichte ist wie ich finde, ein leichtendes Beispiel dafür, wie die gezielte Anwendung von Stimmtechniken das Leben eines Menschen verändern kann. Sie zeigt nicht nur die heilende Kraft des Obertongesangs auf, sondern auch das Potenzial der Stimmarbeit, als therapeutisches Instrument in der modernen Medizin und Therapie verwendet zu werden. Ihre Erfahrungen motivieren und inspirieren nicht nur andere, die ähnliche Leiden erleben, sondern bieten auch einen wertvollen Einblick, wie traditionelle Techniken in die moderne Praxis integriert werden können.

Gemeinschaftsbildung durch Chanten

Nun wird ein weiteres praktisches Beispiel beleuchtet, das die transformative Kraft der Stimmarbeit in einem sozialen und gemeinschaftlichen Kontext zeigt. Diese Geschichte stammt aus einem kleinen Dorf in Indien, wo eine Gruppe von Frauen die traditionelle Praxis des Singens von Bhajans – devotionalen Liedern – als Mittel zur Stärkung ihrer Gemeinschaft nutzt. In vielen Teilen Indiens spielen Bhajans eine zentrale Rolle in der kulturellen und spirituellen Praxis. Diese Lieder sind oft Ausdruck von Verehrung und Hingabe an das Göttliche und dienen gleichzeitig als Mittel zur Förderung von Gemeinschaftsgefühl und Zusammenhalt. In dem beschriebenen Dorf treffen sich die Frauen regelmäßig, um gemeinsam Bhajans zu singen. Diese Treffen sind mehr als nur musikalische Zusammenkünfte; sie sind ein Raum für emotionale Unterstützung und spirituellen Austausch. Die Lieder, die oft Geschichten der Götter und Göttinnen erzählen, dienen als Katalysator für Diskussionen über Lebensfragen, Herausforderungen und die spirituelle Entwicklung der Gemeinschaftsmitglieder. Die regelmäßigen Treffen zum gemeinsamen Chanten haben das soziale Gefüge des Dorfes maßgeblich gestärkt. Durch das Teilen ihrer Stimmen und Herzen haben die Frauen ein starkes Netzwerk der Unterstützung geschaffen, das ihnen in schwierigen Zeiten Halt bietet. Diese Praxis hat auch dazu beigetragen, die spirituelle Verbundenheit innerhalb der Gruppe zu vertiefen und den Frauen ermöglicht, aktive und einflussreiche Rollen in ihrer Gemeinschaft zu übernehmen.

Die Frauen nutzen das Chanten nicht nur zur spirituellen Erbauung, sondern auch als Forum für sozialen Austausch und kollektive Problemlösung. Die Treffen sind offen und inklusiv, wodurch ein Gefühl der Zugehörigkeit und des gemeinsamen Zwecks gefördert wird. Die Lieder selbst werden oft spontan ausgewählt, um auf die aktuellen emotionalen oder gesellschaftlichen Bedürfnisse der Gruppe einzugehen.

Diese Geschichte illustriert eindrucksvoll, wie traditionelle kulturelle Praktiken wie das Chanten von Bhajans genutzt werden können, um nicht nur individuelle, sondern auch kollektive Resilienz und Empowerment zu fördern. Sie zeigt, wie durch gemeinsames Singen und Teilen von spirituellen Traditionen starke, unterstützende Gemeinschaften entstehen können, die in der Lage sind, sowohl individuelle als auch gemeinschaftliche Herausforderungen zu bewältigen.

Stressabbau und innere Ruhe durch Tönen

Ein inspirierendes Beispiel für die transformative Kraft der Stimmarbeit ist die Geschichte von Elena, einer Büroangestellten, die nach effektiven Wegen suchte, um ihren täglichen Stress zu bewältigen. Elena stieß auf die Praxis des Tönens, eine Technik, bei der bewusst einzelne, langgezogene Töne gesungen werden, um Entspannung und geistige Klarheit zu fördern. Diese regelmäßige Praxis ermöglichte es ihr, sich entspannter zu fühlen und ihren Alltagsstress effektiver zu managen.

Elena hat sich eine tägliche Routine angeeignet, die ihr hilft, ihre Mitte zu finden und sich zu erden. Jeden Tag widmet sie 10 Minuten ihrer Zeit dem Tönen in einer ruhigen Umgebung. Sie sitzt bequem und lässt tiefe, langgezogene Töne erklingen, die sie als besonders beruhigend empfindet. Während sie diese Töne von sich gibt, konzentriert sie sich auf die Vibrationen, die durch ihren Körper fließen, und spürt die entspannende Wirkung, die diese auf sie haben.

Diese einfache, aber wirkungsvolle Technik hat Elena geholfen, ihren Geist zu beruhigen und eine tiefere Bewusstheit für ihren körperlichen und emotionalen Zustand zu entwickeln. Sie berichtet, dass sich ihre Fähigkeit, im Alltag Ruhe zu bewahren, signifikant verbessert hat und dass sie sich allgemein ausgeglichener fühlt. Das Tönen hat ihr nicht nur geholfen, besser mit Stress umzugehen, sondern auch ihr allgemeines Wohlbefinden gesteigert und ihre Lebensqualität verbessert.

Elenas Beispiel zeigt, wie eine gezielte und bewusste Anwendung von Stimmarbeitstechniken das persönliche Wohlbefinden steigern kann. Ihre Geschichte verdeutlicht, dass auch kleine Änderungen in der täglichen Routine große Auswirkungen auf die Lebensqualität haben können, und sie dient als Inspiration für alle, die nach praktischen und zugänglichen Methoden suchen, um Stress zu managen und geistige Klarheit zu fördern.

Persönliches Wachstum und Selbstentfaltung

Tanja, eine ehemalige Klientin, war eine erfolgreiche Unternehmens-beraterin, die sich in ihrer Karriere stets durch ihre analytischen Fähigkeiten und ihr Durchsetzungsvermögen ausgezeichnet hatte.

Trotz ihrer beruflichen Erfolge fühlte sie sich oft unzufrieden und emotional erschöpft. Tanja hatte das Gefühl, dass ihr kreatives Potenzial und ihre emotionale Ausdruckskraft unterdrückt wurden. In unseren Coaching-Sitzungen empfahl ich ihr, sich auf das Singen als Mittel zur Selbstentfaltung zu konzentrieren. Tanja begann, täglich einfache Gesangsübungen durchzuführen, wobei sie sich auf Lieder konzentrierte, die sie emotional ansprachen. Sie nutzte diese Zeit, um ihre Stimme zu erforschen und ihre inneren Gefühle auszudrücken. Nach einigen Wochen bemerkte sie signifikante Veränderungen. Sie berichtete, dass sie sich emotional befreiter und ausgeglichener fühlte. Das Singen half ihr, einen tieferen Zugang zu ihren Gefühlen zu finden und diese authentischer auszudrücken. In ihrer beruflichen Tätigkeit konnte sie ihre Kreativität und ihre zwischenmenschlichen Fähigkeiten besser einsetzen, was ihr zu mehr Zufriedenheit und Erfolg verhalf. Tanja erlebte durch die bewusste Nutzung ihrer Stimme eine tiefgehende Transformation. Sie entwickelte ein neues Selbst-bewusstsein und fand Freude daran, ihre Kreativität auszuleben. Diese Erfahrung zeigte ihr, dass persönliches Wachstum und beruflicher Erfolg Hand in Hand gehen können, wenn man den Mut hat, neue Wege zu beschreiten und sich selbst ganzheitlich zu entfalten.

Teambuilding und Harmonisierung

Eine andere bemerkenswerte Erfahrung stammt von einer Gruppe leitender Angestellter eines mittelständischen Unternehmens, die sich in einem Coachingprogramm zur Verbesserung der Teamdynamik und Kommunikationsfähigkeiten befanden. Die Gruppe bestand aus Individuen mit unterschiedlichen Persönlichkeiten und Arbeitsstilen, was häufig zu Spannungen und Missverständnissen führte. Ich führte die Gruppe in die Praxis des Gruppenchantings ein, wobei wir einfache, wiederholende Melodien und Mantras nutzten. Diese wöchentlichen Sessions wurden schnell zu einem festen Bestandteil unseres Coachingprogramms. Die Teilnehmerinnen und Teilnehmer fanden Freude daran, ihre Stimmen zu vereinen und gemeinsam Klangräume zu schaffen.

Die Wirkung dieser Praxis war beeindruckend. Die gemeinsame Erfahrung des Chantings stärkte das Gefühl der Zusammengehörigkeit und des Vertrauens innerhalb der Gruppe. Die Teilnehmerinnen und Teilnehmer berichteten, dass sie sich emotional näher kamen und eine tiefere Wertschätzung für die individuellen Beiträge jedes Teammitglieds entwickelten. Die harmonische Atmosphäre, die durch das Chanten entstand, übertrug sich auf ihre tägliche Arbeit und führte zu einer verbesserten Kommunikation und Zusammenarbeit.

Diese Geschichte illustriert, wie die gemeinsame Nutzung der Stimme nicht nur zur individuellen Entspannung und Selbstentfaltung beitragen kann, sondern auch als kraftvolles Werkzeug zur Teambildung und Harmonisierung in beruflichen Kontexten dient.

Selbstermächtigung durch Klangreisen

Lena, eine kreative Unternehmerin, kam zu mir mit dem Wunsch, ihre Selbstwahrnehmung und ihre innere Stärke zu verbessern. Sie fühlte sich oft von den Anforderungen ihres Unternehmens überwältigt und suchte nach einer Möglichkeit, ihre innere Balance und Selbstermächtigung zu stärken. Ich führte Lena in die Praxis der Klangreisen ein, bei der sie ihre Stimme nutzte, um in eine meditative Trance zu gelangen. Durch geführte Meditationen und das bewusste Erzeugen von Tönen und Mantras konnte Lena eine tiefe Verbindung zu ihrem inneren Selbst herstellen. Diese regelmäßigen Sitzungen halfen ihr, ihre inneren Blockaden zu lösen und ein starkes Gefühl der Selbstermächtigung zu entwickeln.

Lena berichtete, dass sie nach jeder Klangreise mehr Klarheit und Zuversicht in Bezug auf ihre Entscheidungen und ihre Fähigkeit, Herausforderungen zu meistern, erlangte. Sie entwickelte eine tiefere Verbindung zu ihrer Intuition und fand in ihrer täglichen Arbeit mehr Freude und Erfüllung. Diese Selbstermächtigung durch Klangreisen half ihr nicht nur, ihr Unternehmen erfolgreich zu führen, sondern auch, ein erfüllteres und ausgewogeneres Leben zu führen.

Heilkreis für eine kranke Freundin

Eine letzte Geschichte, die mich ganz besonders berührte möchte ich Dir noch erzählen. Johanna, eine liebevolle Mutter und geschätzte

Freundin, wurde schwer krank und erhielt eine düstere Prognose von ihren Ärzten. Diese Nachricht erschütterte ihren Freundeskreis zutiefst. Doch anstatt sich von der Verzweiflung überwältigen zu lassen, beschlossen ihre Freunde, etwas zu unternehmen. Inspiriert von der heilsamen Kraft des Klanges und der Stimme, die einige von ihnen bereits erlebt hatten, bildeten sie einen Heilkreis. Ihr Ziel war es, Johanna aus der Ferne mittels Mantren und gebetsartigen Gesängen Energie zu senden.

Mindestens zweimal in der Woche traf sich diese Gruppe – eine kleine Gemeinschaft enger Freunde, voller Liebe und Hoffnung. Jeder brachte seine eigene Energie und seinen eigenen Glauben in den Kreis ein. Sie begannen ihre Sitzungen mit einer kurzen Meditation, um sich zu zentrieren und ihre Gedanken zu sammeln. Dann stimmten sie gemeinsam die Mantren an, die sorgfältig ausgewählt worden waren, um Heilung und Stärke zu fördern. Ihre Stimmen verschmolzen zu einem harmonischen Klangteppich, der sich in die Ferne auszubreiten schien.

Während der Heilkreise visualisierten sie Johanna in bester Gesundheit. Sie stellten sich vor, wie ihr Klang Johannas Zellen erreichte und sie mit positiver Energie durchflutete. Die kraftvollen Töne und die Absicht hinter ihren Gesängen erzeugten eine starke, heilende Resonanz. Jedes Mal, wenn sie sich trafen, spürten sie die wachsende Verbindung und die Kraft ihrer gemeinsamen Bemühungen.

Zu ihrer großen Freude berichtete Johanna schon bald von kleinen Fortschritten in ihrem Zustand. Sie fühlte sich gestärkt und zuversichtlicher, trotz der Schwere ihrer Erkrankung. Die Ärzte waren erstaunt über ihre schnelle Genesung und konnten sich den Verlauf ihrer Heilung nicht erklären. Doch ihre Freunde wussten, dass ihre regelmäßigen Heilkreise und die tiefe Verbindung, die sie zu Johanna aufgebaut hatten, einen wesentlichen Beitrag dazu leisteten.

Johanna erholte sich schließlich vollständig, schneller als es die medizinischen Prognosen erlaubt hatten. Sie sprach oft von der tiefen Liebe und Unterstützung, die sie durch die Gesänge ihrer Freunde gespürt hatte. Für alle Beteiligten war es eine kraftvolle Bestätigung der magischen Kraft der Stimme und des gemeinsamen Singens. Es zeigte ihnen, wie stark die Verbindung zwischen Menschen sein kann und welche wundersamen Dinge geschehen können, wenn man zusammenkommt, um mit einer klaren und liebevollen Absicht zu handeln.

Diese Erfahrung hat nicht nur Johannas Leben verändert, sondern auch das der Gruppe. Sie hat ihnen gelehrt, dass durch die Kraft der Stimme und die Energie der Gemeinschaft Heilung und positive

Veränderungen bewirkt werden können, selbst wenn die Umstände hoffnungslos erscheinen.[24] [25]

Diese Geschichten sollen dich inspirieren und motivieren, eigene Wege zu finden, um deine Stimme in deiner täglichen Praxis zu integrieren. Ob durch Meditation, Chanten oder andere Stimmübungen, die Möglichkeiten sind so vielfältig wie die Stimmen, die sie nutzen. Nutze die Erkenntnisse und Erfahrungen aus den Beispielen als Ausgangspunkt, um tiefer in die Praxis einzutauchen und deine eigenen Erfahrungen zu sammeln.

---

[24] *Es gibt einige interessante Studien, die die Wirksamkeit von Gebeten aus der Ferne untersucht haben und positive Ergebnisse zeigen. Zum Beispiel eine Meta-Analyse, die 23 randomisierte, placebokontrollierte Studien zur Fernheilung untersuchte, fand heraus, dass etwa 57% dieser Studien einen positiven Behandlungseffekt zeigten. Diese Ergebnisse legen nahe, dass Fernheilung, einschließlich Gebete, potenziell wirksam sein kann und weitere Untersuchungen rechtfertigt. Masters, Kevin S. Et al. Are there demonstrable effects of distant intercessory prayer? A meta-analytic review, August 2006, Springer Link, https://link.springer.com/article/10.1207/ s15324796abm3201_3.*
Siehe auch Leibovici, Leonard, Beyond Science Effects of remote, retroactive intercessory prayer on outcomes in patients with bloodstream infection: randomised controlled trial, 2001, thebmj, https://www.bmj.com/content/ 323/7327/1450.
Siehe ders. Effects of remote, retroactive intercessory prayer on outcomes in patients with bloodstream infection: randomised controlled trial, 2001, thebmj, https://www.bmj.com/content/323/7327/1450.

[25] *Auch wenn die Studien nicht auf Sound Healing Voice, also auf Klangheilung mit der Stimme abzielen, so bin ich davon überzeugt, dass der Wirkmechanismus dahinter derselbe ist: Es sind die Schwingungen.*

Kapitel 5: Spezialisierte Anwendungen und Techniken

Nachdem Du die transformative Kraft der Stimme durch persönliche Geschichten und grundlegende Übungen kennengelernt hast, führe ich Dich nun in spezialisierte Techniken ein, die Deine spirituelle Stimmarbeit noch mehr erweitern. Dieses Kapitel beschäftigt sich mit spezifischen, fortgeschrittenen Praktiken, die tiefergehende spirituelle Erfahrungen ermöglichen und wie Du diese sicher und effektiv in Deine Routine integrieren kannst. Außerdem soll es dich ermutigen hier selbst weiter zu forschen.

Heilsame Frequenzen und ihre Anwendung

Die Verwendung spezifischer Frequenzen und Töne zur Harmonisierung und Heilung deines Selbst ist eine faszinierende Methode, die tief in der Klangtherapie verwurzelt ist. Diese Techniken basieren auf dem Prinzip, dass bestimmte Frequenzen natürliche Resonanzen mit den Energiezentren deines Körpers, den sogenannten Chakren, aufweisen. Diese Resonanzen können genutzt werden, um sowohl emotionale als auch physische Heilprozesse zu unterstützen und zu beschleunigen. Im folgenden habe ich dir die Liebesfrequenz mitgebracht. [26]

---

[26] *Siehe hierzu auch die bekannten Solfeggio-Frequenezen auf Seite 35 ff.*

Eine der bekanntesten dieser heilsamen Frequenzen ist 528 Hz, oft als die ‚Liebesfrequenz' bezeichnet. Sie ist bekannt dafür, eine starke Wirkung auf das Herzchakra zu haben, das Zentrum deiner emotionalen Verarbeitung und des Mitgefühls. Es wird angenommen, dass diese spezielle Frequenz die Fähigkeit besitzt, die DNA auf einer grundlegenden Ebene zu reparieren und somit physische und emotionale Heilung zu fördern.

Quellen der Frequenzen

Um diese heilsamen Frequenzen in deine Praxis zu integrieren, gibt es verschiedene Methoden:

1. Klangschalen: Spezielle Klangschalen, die auf 528 Hz abgestimmt sind, können während der Meditation oder in heilenden Sitzungen verwendet werden. Das Anschlagen oder Reiben der Schale erzeugt Schwingungen, die diese spezifische Frequenz freisetzen.

2. Stimmgabeln: Eine auf 528 Hz abgestimmte Stimmgabel ist ein weiteres effektives Werkzeug. Durch das Anschlagen der Stimmgabel und das Halten in der Nähe deines Körpers oder direkt auf einem Chakra kannst du die direkten Vibrationen dieser Frequenz erfahren.

3. Aufzeichnungen: Es gibt viele Aufnahmen und Musikstücke, die speziell mit 528 Hz komponiert wurden. Solche Aufnahmen

können während der Meditation, beim Entspannen oder auch im Hintergrund während des Tages gespielt werden, um kontinuierlich von dieser Frequenz zu profitieren.

Übung zur Integration von 528 Hz

Um die Vorteile der 528-Hz-Frequenz voll auszuschöpfen, integriere sie in deine täglichen Meditations- oder Entspannungspraktiken. Beginne damit, eine ruhige Umgebung zu schaffen, und spiele eine Aufnahme dieser Frequenz, oder verwende eine Klangschale oder Stimmgabel. Schließe die Augen, atme tief ein, und konzentriere dich auf die Schwingungen, die durch deinen Körper fließen. Während du deine Stimme zu dieser Frequenz erklingen lässt, visualisiere, wie jede Schwingung dein Herzchakra öffnet und heilt, tiefe emotionale Blockaden löst und ein starkes Gefühl von Ruhe und Klarheit fördert. Durch regelmäßige Anwendung dieser Technik kannst du nicht nur dein emotionales Wohlbefinden verbessern, sondern auch ein tieferes Gefühl von Verbundenheit und Harmonie in deinem Leben fördern. Nutze die transformative Kraft der 528 Hz, um deine spirituelle und emotionale Reise zu bereichern.

Tiefenmeditation durch Stimmarbeit

Tiefenmeditation durch Stimmarbeit bietet eine faszinierende Möglichkeit, durch den gezielten Einsatz deiner Stimme tiefe Trancezustände und erhöhte Bewusstseinsebenen zu erreichen. Diese Technik nutzt die kraftvolle Verbindung zwischen Schwingungen, Klang und den energetischen Zentren deines Körpers, den Chakren, um eine tiefgreifende spirituelle Harmonisierung und Aktivierung zu fördern. Ich habe dir im Folgenden die Bija-Mantras mitgebracht.

Bija-Mantras für die Chakren

Jedes der sieben Hauptchakren ist mit einem spezifischen Bija-Mantra verbunden, einem 'Keimsilben'-Mantra, das traditionell verwendet wird, um diese spezifischen Energiezentren zu aktivieren und zu balancieren. Bija-Mantras sind kurze, kraftvolle Silben, die beim Chanten eine intensive energetische Resonanz im Körper erzeugen können.

Bija-Mantras der sieben Hauptchakren:

1. Wurzelchakra (Muladhara): 'LAM'
2. Sakralchakra (Svadhishthana): 'VAM'
3. Solarplexuschakra (Manipura): 'RAM'
4. Herzchakra (Anahata): 'YAM'
5. Kehlkopfchakra (Vishuddha): 'HAM'
6. Drittes Auge Chakra (Ajna): 'OM'
7. Kronenchakra (Sahasrara): 'AH'

Übung zur Tiefenmeditation und Stimmeinsatz

Diese Übung ist eine wunderbare Methode, um jedes Chakra systematisch zu durchlaufen und eine umfassende energetische Harmonisierung zu erzielen.

Schritt-für-Schritt-Anleitung:

1. Vorbereitung: Finde einen ruhigen, störungsfreien Ort für deine Meditationspraxis. Setze oder lege dich in eine bequeme Position. Schließe deine Augen, um die Ablenkungen der äußeren Welt zu minimieren und deine Aufmerksamkeit nach innen zu richten.

2. Chanten der Bija-Mantras: Beginne am Wurzelchakra und arbeite dich schrittweise nach oben, indem du das jeweilige Bija-Mantra chantest. Chante jedes Mantra für mehrere Atemzüge lang und stelle dir vor, wie die Vibrationen des Klangs direkt in das jeweilige Chakra fließen.

3. Konzentration auf die Energiebewegungen: Während du jedes Mantra chantest, konzentriere dich auf die Vibrationen und die Energiebewegungen in deinem Körper. Spüre, wie jede Schwingung das zugehörige Chakra aktiviert und harmonisiert.

4. Fortschritt und Abschluss: Nachdem du alle Chakren durchlaufen hast, verweile einige Minuten in Stille. Beobachte die Stille und Ruhe, die sich einstellt, und spüre die gesamte Energieverteilung in deinem Körper.

Auch diese Praxis hilft, deine Meditation auf ein höheres Level zu bringen und dein Bewusstsein zu erweitern. Indem du regelmäßig Bija-Mantras chantest, kannst du nicht nur deine Chakren aktivieren und ausbalancieren, sondern auch einen Zustand der tiefen inneren

Ruhe und Klarheit erreichen, der für fortgeschrittene meditative Erfahrungen unerlässlich ist.

Integration von Bewegung und Stimme

Die Integration von Bewegung und Stimme, wie sie in Disziplinen wie Yoga oder Tanz praktiziert wird, ist ein weiteres kraftvolles Werkzeug, um deine körperliche Ausdruckskraft und emotionale Freisetzung zu verstärken. Diese Methodik verbindet körperliche Aktivität mit der Resonanz der Stimme, um ein tiefgreifendes Erlebnis zu schaffen, das sowohl den Körper als auch den Geist nährt.

Yoga und Chanten: Eine symbiotische Praxis

Yoga ist eine Praxis, die sich nicht nur auf die körperliche Haltung konzentriert, sondern auch darauf abzielt, geistige Klarheit und emotionales Gleichgewicht zu fördern. Die Integration von Mantras oder heiligen Silben in die Yoga-Praxis kann diese Effekte verstärken, indem sie die körperlichen Bewegungen mit der Kraft deiner Stimme verbindet.

Übung: Mantras in Yoga integrieren

1. Auswahl des Mantras: Wähle ein Mantra, das die Energie oder die Intention der Yoga-Pose unterstützt oder verstärkt. Zum Beispiel kann das Mantra ‚Om' verwendet werden, um eine tiefere Verbindung und Universalität zu fördern, während ein Mantra wie ‚Shanti' (Frieden) ideal ist, um Ruhe und

Entspannung in dehnenden oder meditativen Posen zu unterstützen.

2. Vorbereitung der Yoga-Session: Beginne deine Yoga-Praxis mit einigen Momenten der Stille, um deinen Geist zu beruhigen und dich auf die bevorstehenden Übungen einzustimmen. Dies stellt sicher, dass du sowohl körperlich als auch geistig präsent bist.

3. Integration von Mantra und Bewegung: Während du in eine Yoga-Pose gehst, beginne, das gewählte Mantra zu chanten. Synchronisiere deine Bewegungen mit dem Rhythmus und den Schwingungen des Mantras. Zum Beispiel, während du in eine Pose wie den Sonnengruß eintrittst, könntest du ‚Om' beim Ausstrecken nach oben und ‚Shanti' beim Herunterbeugen chanten.

4. Achten auf die Verbindung: Konzentriere dich auf die Verbindung zwischen Bewegung, Atem und Klang. Spüre, wie das Chanten des Mantras deine Atmung und deine Bewegungen beeinflusst. Achte darauf, wie die Vibrationen des Klangs durch deinen Körper fließen und jede Pose energetisch unterstützen.

5. Abschluss und Reflexion: Beende deine Yoga-Session mit einer Pose der Stille oder Meditation, um die durch das Chanten und die Bewegungen freigesetzte Energie zu integrieren. Nutze diesen Moment, um die Wirkungen der Praxis auf deinen Körper und Geist zu reflektieren.

Vorteile von Mantren in Yoga

- Tiefere Entspannung: Das Singen oder Chanten von Mantras während der Yoga-Praxis fördert eine tiefe Entspannung, indem es den Geist beruhigt und den Körper in einen Zustand des Wohlbefindens versetzt.

- Verbesserte Konzentration: Mantras dienen als fokale Punkte[27], die helfen, den Geist zu zentrieren und Ablenkungen zu minimieren, was zu einer verbesserten Konzentration und Achtsamkeit führt.

- Erhöhte Energie und Vitalität: Das Vibrieren von Mantras kann die Energiezentren im Körper stimulieren und ein Gefühl von erhöhter Vitalität und Lebensfreude hervorrufen.

- Emotionale Ausgeglichenheit: Die regelmäßige Praxis von Mantren hilft, emotionale Spannungen abzubauen und fördert ein Gefühl der inneren Ruhe und Ausgeglichenheit.

- Spirituelle Verbindung: Mantras haben oft eine tiefe spirituelle Bedeutung und tragen dazu bei, das Gefühl der Verbindung zu einer höheren Kraft oder zum eigenen inneren Selbst zu stärken.

---

[27]*Fokale Punkte sind spezifische Objekte, Klänge oder Konzepte, auf die die Aufmerksamkeit gerichtet wird, um den Geist zu beruhigen und zu fokussieren. In der Meditation und Achtsamkeitspraxis dienen sie als Anker, um Gedanken zu ordnen und mentale Klarheit zu fördern. Mantras, Atemmuster oder visuelle Hilfsmittel wie eine Kerzenflamme können als solche fokale Punkte dienen, indem sie eine konstante und beruhigende Referenz bieten, die den Geist von ablenkenden Gedanken ablenkt und zu einem Zustand tieferer Konzentration und innerer Ruhe führt.*

Die Kombination von Yoga und Chanten bietet eine reiche, mehrdimensionale Erfahrung, die körperliche Flexibilität und Stärke fördert, während sie gleichzeitig geistige Klarheit und emotionale Ruhe unterstützt. Diese Praxis wird deine Yoga-Erfahrung vertiefen, indem sie eine zusätzliche Schicht der spirituellen und emotionalen Resonanz hinzufügt, die dich dabei unterstützt, ein höheres Maß an innerer Harmonie und Ausgeglichenheit zu erreichen.

Tanz und Stimme - Eine dynamische Synergie

Die Kombination von Tanz und Stimme ist eine kraftvolle und transformative Praxis, die Bewegung und vokalen Ausdruck vereint, um tiefere Ebenen des Selbst zu erschließen und emotionale Freiheit zu fördern. Durch die Integration von Tanz und Stimme kannst du eine starke Verbindung zwischen deinem physischen Körper und deinem inneren emotionalen Zustand herstellen.

Übung: Freier Tanz mit stimmlicher Begleitung

- Raum schaffen: Wähle einen sicheren, offenen Raum, in dem du dich frei bewegen und deine Stimme ungehindert einsetzen kannst. Stelle sicher, dass du dich wohlfühlst und nicht gestört wirst.

- Aufwärmen: Beginne mit sanften Bewegungen, um deinen Körper aufzuwärmen. Kreise deine Gelenke, dehne dich und atme tief ein, um dich auf die bevorstehende Praxis vorzubereiten.

- Intention setzen: Setze eine Intention für deine Tanz- und Stimm-Session. Überlege, welche Emotionen oder Energien du freisetzen oder transformieren möchtest.

- Bewegung und Stimme verbinden: Beginne, dich frei zur Musik zu bewegen, die dich inspiriert. Erlaube deinem Körper, intuitiv auf die Klänge zu reagieren. Füge nach und nach deine Stimme hinzu, indem du Töne, Mantras oder improvisierte Vokalisierungen erklingen lässt. Lass deine Stimme und deine Bewegungen miteinander verschmelzen und sich gegenseitig beeinflussen.

- Emotionale Freisetzung: Nutze die Bewegung und die Stimme, um emotionale Blockaden zu lösen. Schreie, singe, summe oder töne, was auch immer sich für dich richtig anfühlt. Lass deinen Körper und deine Stimme als einheitliches Werkzeug zur emotionalen Freisetzung dienen.

- Integration und Ruhe: Nach dem intensiven Teil der Praxis, bringe deinen Körper langsam zur Ruhe. Setze dich oder lege dich hin und atme tief ein und aus. Spüre nach, wie sich dein Körper und Geist verändert haben. Nimm dir Zeit, die Erfahrung zu integrieren und die freigesetzten Energien zu harmonisieren.

Vorteile der Kombination von Tanz und Stimme:

- Körperliche und emotionale Befreiung: Die dynamische Bewegung des Tanzes in Verbindung mit der stimmlichen Expression kann tiefsitzende emotionale Spannungen lösen und ein Gefühl der

Befreiung und Leichtigkeit fördern.

- Erhöhte Achtsamkeit: Die Praxis erfordert eine ständige Aufmerksamkeit für den gegenwärtigen Moment, was die Achtsamkeit und das Bewusstsein für den eigenen Körper und die Emotionen stärkt.

- Kreativer Ausdruck: Tanz und Stimme bieten einen kreativen Raum, in dem du deine individuellen Emotionen und Energien ausdrücken kannst. Dies kann ein tiefes Gefühl der Selbstakzeptanz und des persönlichen Wachstums fördern.

- Verbesserte Körper-Geist-Verbindung: Die gleichzeitige Nutzung von Bewegung und Stimme stärkt die Verbindung zwischen Körper und Geist, was zu einer harmonischeren und ganzheitlicheren Selbstwahrnehmung führt.

Die Kombination von Tanz und Stimme schafft eine kraftvolle Synergie, die dir hilft, deinen physischen und emotionalen Ausdruck zu vertiefen. Diese Praxis bietet eine dynamische Möglichkeit, innere Blockaden zu lösen, kreative Energien freizusetzen und ein tieferes Verständnis für dich selbst zu entwickeln. Indem du Bewegung und Stimme in deinen Alltag integrierst, kannst du eine ganzheitliche Balance und ein erfüllteres Leben erreichen.

Kapitel 6: Tiefere spirituelle Verbindungen

Dieses Kapitel hilft dir, deine innere Stimme klarer zu hören, eine stärkere Verbindung zu deiner geistigen Führung herzustellen und eine tiefere Resonanz mit deiner eigenen Seele zu erreichen. Wir beginnen mit der Summ-Meditation, einer einfachen, aber äußerst wirkungsvollen Methode, um die innere Stimme klarer zu hören. Diese Übung stärkt deine Intuition und hilft dir, die leise und tief verwurzelte Führung deines höheren Selbst zu erkennen. Im Anschluss daran widmen wir uns der Verbindung mit der geistigen Führung mittels Chanten. Durch das Singen von Mantras öffnen wir den Raum für eine bewusste Verbindung. Diese wohlwollende und spürbar liebende Präsenz bietet dir Unterstützung, Führung und Einsichten, die dir dabei hilft, Antworten auf tiefere Lebensfragen zu finden und dich auf deinem spirituellen Weg zu unterstützen. Abschließend erkunden wir das Toning zur Verbindung mit der eigenen Seele. Diese Technik nutzt langgezogene Vokaltöne, um eine tiefere Verbindung zu deiner Seele herzustellen. Durch die Vibrationen und die bewusste Konzentration auf den Klang gelangst du in einen meditativen Zustand, der dir hilft, deine innere Essenz zu spüren und emotionale Blockaden zu lösen.

Erlaube dir, die vollkommene Resonanz deiner Seele zu finden und die heilende Kraft deiner eigenen Stimme zu erleben. Dies ist der Moment, in dem sich alle vorherigen Lektionen und Übungen zu einem harmonischen Ganzen verbinden und du Schritt-für-Schritt die wahre Magie deiner Stimme entdeckst.

Mit der Summ-Meditation zur inneren Stimme

Die Summ-Meditation ist eine einfache, aber äußerst wirkungsvolle Methode, um die innere Stimme klarer zu hören. Hierbei wird die innere Stimme als Intuition verstanden, eine leise und tief verwurzelte Führung, die uns in unserem Leben leitet und uns hilft, weise Entscheidungen zu treffen. Intuition ist die Fähigkeit, Wissen und Einsichten ohne bewusste rationale Prozesse zu erlangen. Intuition ist für mich die Stimme meines höheren Selbst, die mich sanft und doch bestimmt durch das Leben navigiert. Diese innere Weisheit ist nicht durch logisches Denken oder rationale Überlegungen erklärbar, sondern entspringt einer tieferen Quelle des Wissens und der Erkenntnis. Es ist das Gefühl des 'einfach Wissens', das plötzlich und klar in unser Bewusstsein tritt. Ein Beispiel dafür ist, wenn ich plötzlich den Impuls verspüre, eine bestimmte Entscheidung zu treffen, ohne genau zu wissen, warum. Vielleicht bin ich gerade dabei, eine berufliche Veränderung in Erwägung zu ziehen, und ohne lange darüber nachzudenken, fühle ich, dass ein bestimmter Weg der richtige für mich ist. Obwohl es auf den ersten Blick keinen logischen Grund dafür gibt, weiß ich einfach, dass es die richtige Entscheidung ist. Ein anderes Beispiel ist, wenn ich jemanden treffe und sofort ein starkes Gefühl der Vertrautheit oder Verbundenheit verspüre. Es gibt keine logische Erklärung dafür, warum ich diese Person so gut zu kennen scheine oder warum ich ihr sofort vertraue. Doch meine Intuition sagt mir, dass diese Begegnung bedeutsam ist und dass ich dieser Verbindung folgen sollte. Ich bin mir sicher, du kennst das.

Manchmal manifestiert sich Intuition als plötzliche Eingebung, die scheinbar aus dem Nichts kommt. Vielleicht arbeite ich an einem Problem und finde keine Lösung. Dann, während ich mich mit etwas völlig Unzusammenhängendem beschäftige, habe ich plötzlich eine klare Vision der Lösung, als ob sie mir aus einer höheren Ebene eingeflüstert wurde. Diese intuitiven Einsichten sind Ausdruck des eigenen höheren Selbst, das mit einer tieferen, universellen Weisheit verbunden ist. Sie sind nicht immer leicht zu erklären oder zu begründen, aber sie fühlen sich richtig und stimmig an. Wenn wir auf unsere Intuition hören, fühlen wir uns geführt und in Einklang mit dem größeren Plan des eigenen Lebens. Stimmt's? Ja, es ist diese innere Stimme, die mich daran erinnert, dass ich mehr bin als nur mein Verstand und meine logischen Überlegungen – dass ich Teil eines größeren Ganzen bin, das mich auf meinem Weg unterstützt und leitet. Und die folgende Summ-Meditation hilft, diese Intuition zu stärken, indem sie den Geist beruhigt und den Fokus auf die inneren Vibrationen lenkt.

Schritt-für-Schritt-Anleitung

Die Summ-Meditation ist eine einfache, aber kraftvolle Praxis, die dir helfen kann, in einen Zustand tiefer Entspannung und Klarheit zu gelangen. Sie ist besonders hilfreich, wenn du eine Frage oder ein Anliegen hast und Antworten aus deinem höheren Selbst oder deiner Intuition suchst.

Schritt 1: Vorbereitung

1. Finde einen ruhigen Ort, an dem du ungestört bist.

2. Setze dich bequem hin, mit aufrechter Wirbelsäule und entspannten Schultern.

3. Schließe gerne dabei die Augen und nimm ein paar tiefe Atemzüge, um zur Ruhe zu kommen und dich zu zentrieren.

Schritt 2: Kläre deine Absicht

1. Überlege dir, welche Frage oder welches Anliegen du hast. Formuliere es klar und präzise in deinem Geist.

2. Halte diese Frage oder dieses Anliegen in deinem Bewusstsein, während du dich auf die Meditation vorbereitest.

Schritt 3: Das Summen

1. Beginne sanft zu summen. Wähle einen Ton, der sich für dich angenehm anfühlt. Das Summen sollte gleichmäßig und ruhig sein.

2. Spüre die Vibration des Summens in deinem Körper. Lasse dich von diesem Gefühl der Vibration durchströmen und entspanne dich dabei immer tiefer.

Schritt 4: Integration der Frage

1. Während du weiter summst, bringe deine Frage oder dein Anliegen in deinen Fokus. Du kannst dich in die Frage 'hineinsingen', indem du sie gedanklich oder leise mitsummst.

2. Lasse die Frage oder das Anliegen durch dein Summen resonieren. Stelle dir vor, wie die Vibrationen des Summens die Energie deiner Frage durch deinen gesamten Körper und darüber hinaus tragen.

Schritt 5: Empfangen und Loslassen

1. Nach einer Weile des Summens, lass die Frage los und erlaube deinem Geist, sich vollständig auf das Summen und die entstehenden Vibrationen zu konzentrieren.

2. Vertraue darauf, dass die Antwort oder die Klarheit zu dir kommt, wenn die Zeit reif ist. Du musst die Antwort nicht erzwingen – sie wird sich aus dem Zustand der tiefen Entspannung und Verbundenheit heraus entfalten.

Schritt 6: Abschluss

1. Beende das Summen langsam und kehre allmählich zu deinem normalen Atemrhythmus zurück.

2. Verweile noch einen Moment in der Stille und nimm wahr, wie du dich fühlst.

3. Öffne sanft die Augen und komme zurück in den Raum.

Nach der Meditation

- Nimm dir einen Moment Zeit, um deine Erfahrungen zu reflektieren. Vielleicht möchtest du deine Eindrücke oder Antworten in ein Tagebuch schreiben.

- Sei offen für intuitive Eingebungen oder Erkenntnisse, die im Laufe des Tages oder der nächsten Tage zu dir kommen könnten.

Die Summ-Meditation ist ein wertvolles Werkzeug, um dich mit deinem höheren Selbst zu verbinden und Antworten aus einer tiefen inneren Weisheit zu erhalten. Mit regelmäßiger Praxis wird diese Verbindung stärker und klarer werden.

Verbindung mit der geistigen Führung durch Chanting

In der nächsten Übung werden wir nun endlich den Kontakt zu unserer geistigen Führung herstellen. Dein geistiger Führer ist eine wohlwollende, spirituelle Präsenz, die stets an deiner Seite ist und dir Unterstützung, Führung und Einsichten bietet. Diese Verbindung kann dir helfen, Antworten auf tiefere Lebensfragen zu finden, dich auf deinem spirituellen Weg zu unterstützen und dir das Gefühl von Geborgenheit und Verbundenheit zu geben. Lass uns gemeinsam den Raum öffnen, um diese wundervolle Verbindung bewusst zu erleben und zu stärken. Bevor wir jedoch zur Übung kommen, möchte ich etwas tiefer in die Bedeutung der geistigen Führung schauen.

Bedeutung der geistigen Führung

Ein geistiger Führer bzw. die geistige Führung ist ein Konzept, das in vielen spirituellen und religiösen Traditionen vorkommt. Sie wird oft als eine spirituelle Entität, oft auch mehrere, oder ein höheres Bewusstsein beschrieben, das individuelle Seelen auf ihrem Lebensweg unterstützt und führt. Die Idee basiert auf der Überzeugung, dass es Wesenheiten oder Kräfte gibt, die über größere Weisheit und Einsicht verfügen und bereit sind, uns in unserem täglichen Leben und bei unserer spirituellen Entwicklung zu helfen.

Ich wende mich regelmäßig an meine geistige Führung, wenn ich Hilfe benötige. Ich kann dabei auf folgendes bauen, was mich jedesmal sehr bereichert:

- Weisheit und Führung: Geistige Führer bieten Weisheit und Führung in schwierigen Zeiten. Sie helfen uns, Klarheit über unsere Lebensentscheidungen zu erlangen und unsere Bestimmung zu erkennen.

- Schutz: Viele glauben, dass geistige Führer eine schützende Rolle spielen, indem sie uns vor negativen Einflüssen und Gefahren bewahren.

- Unterstützung bei der Heilung: Geistige Führer können uns bei der emotionalen, mentalen und spirituellen Heilung unterstützen, indem sie uns helfen, Blockaden zu lösen und alte Wunden zu heilen.

- Erweiterung des Bewusstseins: Sie helfen uns, unser Bewusstsein zu erweitern und tiefere spirituelle Einsichten zu erlangen. Durch ihre Führung können wir unser spirituelles Wachstum und unsere Entwicklung vorantreiben.

Die Verbindung zur geistigen Führung erfolgt häufig durch spirituelle Praktiken wie Meditation, Gebet, Träumen und Rituale. Hier sind einige Wege, wie man diese Verbindung herstellen kann:

1. Meditation: Durch regelmäßige Meditationspraktiken kann man in einen Zustand tiefer Entspannung und erhöhten Bewusstseins gelangen, in dem die Präsenz eines geistigen Führers spürbar

wird. In dieser Stille können Botschaften und Führung empfangen werden.

2. Chanting und Mantras: Das Chanten von Mantras und das Singen heiliger Lieder können helfen, die Schwingung zu erhöhen und einen Raum zu schaffen, in dem die Kommunikation mit dem geistigen Führer leichter wird.

3. Träume und Visionen: Viele Menschen berichten, dass sie in ihren Träumen oder Visionen Botschaften von ihren geistigen Führern erhalten. Es ist hilfreich, ein Traumtagebuch zu führen und regelmäßig auf diese Botschaften zu achten.

4. Gebet und Intention: Durch das Setzen einer klaren Intention und das Sprechen von Gebeten können wir unsere Bereitschaft signalisieren, mit unserem geistigen Führer in Kontakt zu treten und um Führung zu bitten.

Wer sind die geistigen Führer? Geistige Führer können verschiedene Formen annehmen und aus unterschiedlichen Quellen stammen:

1. Ahnen: Einige geistige Führer sind verstorbene Familienmitglieder oder Vorfahren, die sich entschieden haben, über ihre Nachkommen zu wachen und sie zu unterstützen.

2. Spirituelle Wesen: Hierzu gehören Engel, aufgestiegene Meister oder andere lichtvolle Wesen, die sich der spirituellen

Entwicklung der Menschen verschrieben haben.

3. Tiergeister: In einigen Traditionen werden Tiere als geistige Führer angesehen, die bestimmte Eigenschaften und Weisheiten verkörpern.

4. Innere Weisheit: Manchmal wird der geistige Führer als Teil des eigenen höheren Selbst oder der inneren Weisheit angesehen, der in uns allen existiert und nur darauf wartet, gehört zu werden.

Diese Vorstellungen sind tief in der menschlichen Erfahrung verwurzelt und bieten Trost und Unterstützung in einer oft komplexen und herausfordernden Welt. Durch eine solche positive und liebende Verbindung können wir eine tiefere Einsicht in unser Leben gewinnen, Klarheit über unsere Bestimmung erlangen und uns begleitet fühlen, während wir unsere spirituelle Reise fortsetzen. Geistige Führer erinnern uns mit ihrer spürbaren Energie daran, dass wir nie wirklich allein sind und dass es immer eine höhere Weisheit und Liebe gibt, die uns auf unserem Weg unterstützt. Indem wir lernen, auf ihre Botschaften zu hören und ihre Führung zu akzeptieren, können wir unser Leben in Einklang mit unserem höchsten Wohl gestalten.

Schritt-für-Schritt-Anleitung

Diese Übung führt dich durch eine tiefgehende Praxis, bei der du durch das Chanten und Singen von Mantras eine bewusste Verbindung. Es ist wichtig, dass du dir immer gewahr bist, dass deine geistige Führung immer eine wohlwollende Präsenz, die dir Unterstützung, Führung und Weisheit bietet. Breche die Session sofort ab, wenn du das Gefühl hast, dass es sich negativ anfühlt. Und noch etwas: Du bist immer der- bzw. diejenige, die letztendlich die Entscheidung trifft, falls eine solche notwenig ist. Wäge stets ab, denn in diesem Fall bedeutet ‚Führung‘ nicht, dass du keine Verantwortung übernimmst. Im Gegenteil, dieses Konzept der geistigen Führung, ist eigentlich dein Berater bzw. dein Beraterteam; es kann dir helfen, mehr Inneneinsichten und Einsichten generell zu bekommen, jedoch musst du die eigentliche Führung übernehmen. Lass uns jetzt zur Übung zurückkehren.

Das Chanten hilft dir, in einen Zustand tiefer Meditation zu gelangen und die Verbindung zu deiner geistigen Führung und Unterstützung zu stärken.

Schritt 1: Vorbereitung

1. Ruhiger Ort: Finde einen ruhigen Ort, an dem du ungestört bist. Schaffe eine angenehme Atmosphäre, vielleicht mit einer Kerze oder sanfter Musik.
2. Bequeme Position: Setze dich bequem hin, mit aufrechter Wirbelsäule und entspannten Schultern. Du kannst auch auf einem Meditationskissen oder Stuhl sitzen.
3. Atmung: Schließe die Augen und nimm ein paar tiefe Atemzüge. Atme tief ein durch die Nase, halte den Atem kurz an, und atme langsam durch den Mund aus. Lasse alle Anspannungen los und komme im Moment an.

Schritt 2: Zentrierung

1. Entspannung: Bringe deine Aufmerksamkeit zu deinem Körper. Spüre jeden Teil deines Körpers und entspanne bewusst alle Muskeln, von den Zehen bis zum Kopf.

2. Atembeobachtung: Konzentriere dich auf deinen Atem. Beobachte, wie die Luft in deinen Körper einströmt und wieder ausströmt. Lasse deinen Atem ruhig und gleichmäßig fließen.

Schritt 3: Herzöffnung

1. Herzchakra: Lenke deine Aufmerksamkeit auf dein Herzchakra in der Mitte deiner Brust. Stelle dir vor, wie sich dein Herz mit jedem Atemzug öffnet und strahlt.

2. Lichtvisualisierung: Visualisiere ein warmes, goldenes Licht, das in deinem Herzchakra leuchtet. Mit jedem Atemzug wird dieses Licht heller und intensiver, erfüllt dein ganzes Sein mit Wärme und Liebe.

Schritt 4: Mantra auswählen

1. Mantra finden: Wähle ein Mantra, das für dich resoniert und dich anspricht. Ein einfaches Mantra wie 'Om' oder 'So Hum' kann verwendet werden. Wenn du eine besondere Verbindung zu einem anderen Mantra hast, kannst du auch dieses nutzen.

2. Intention setzen: Setze die Intention, durch das Chanten des Mantras eine Verbindung zu deinem geistigen Führer herzustellen.

Schritt 5: Das Chanten

1. Beginn des Chantens: Beginne das Mantra laut oder leise zu chanten. Finde einen Rhythmus, der sich für dich natürlich anfühlt.

2. Vibrationen spüren: Spüre die Vibrationen des Mantras in deinem Körper. Lasse die Klänge dein Herzchakra durchdringen und weite sich von dort in deinem gesamten Körper aus.

3. Vertiefung: Wiederhole das Mantra kontinuierlich, um tiefer in die Meditation zu gelangen. Lasse dich von den Klängen tragen und in einen Zustand tiefer Entspannung und Offenheit führen.

Schritt 6: Verbindung herstellen

1. Geistige Einladung: Während du das Mantra chantest, lade deinen geistigen Führer ein: "Ich lade meinen geistigen Führer ein, sich mir jetzt zu zeigen. Ich öffne mein Herz und meinen Geist für deine Weisheit und Führung."

2. Offenheit: Sei offen und empfänglich für jede Wahrnehmung. Dies kann in Form von Bildern, Gefühlen, Gedanken oder einfach einer tiefen inneren Gewissheit geschehen.

Schritt 7: Begegnung mit dem geistigen Führer

1. Visualisierung: Stelle dir vor, du befindest dich an einem wunderschönen, friedlichen Ort. Dies kann ein Garten, ein Strand oder ein Berggipfel sein – ein Ort, an dem du dich sicher und geborgen fühlst.

2. Erscheinung des Führers: Visualisiere, wie sich dir langsam eine Gestalt nähert. Dies ist dein geistiger Führer. Er oder sie kann jede Form annehmen – menschlich, tierisch oder sogar als reines Licht.

3. Begegnung: Begrüße deinen geistigen Führer und spüre die liebevolle Präsenz. Stelle deine Fragen oder äußere deine Anliegen. Lasse die Antworten und Botschaften intuitiv zu dir kommen.

Schritt 8: Dankbarkeit und Abschluss

1. Dankbarkeit ausdrücken: Bedanke dich bei deinem geistigen Führer für die Verbindung und die erhaltenen Botschaften.
2. Rückkehr: Beende das Chanten langsam und kehre allmählich zu deinem normalen Atemrhythmus zurück.
3. Rückkehr in den Raum: Bringe deine Aufmerksamkeit zurück zu deinem Atem und dann langsam zurück in den Raum. Bewege sanft deine Finger und Zehen, öffne deine Augen und nimm dir einen Moment, um wieder vollständig im Hier und Jetzt anzukommen.

Nach der Meditation

- Reflexion: Nimm dir Zeit, deine Erfahrungen zu reflektieren. Du kannst deine Eindrücke und Botschaften in ein Tagebuch schreiben
- Vertrauen: Vertraue darauf, dass dein geistiger Führer immer bei dir ist, auch wenn du ihn nicht immer bewusst wahrnimmst. Du kannst diese Übung jederzeit wiederholen, um die Verbindung zu stärken und weitere Einsichten zu erhalten.

Manchmal ist es auch gut, wenn du zunächst das Mantra singst, dann irgendwann aus einem Impuls heraus die Schwingungen in deinem ganzen Körper nachklingen lässt und du gleichzeitig still wirst und dich mit deinem ganzen Sein auf die Präsenz deiner spirituellen Führung konzentrierst. Variiere so, wie es für dich passt. Experimentiere und erforsche, was für dich am besten wirkt.

Tönen zur Verbindung mit der eigenen Seele

Bevor ich dir die nächste Übung vorstelle, möchte ich kurz erklären, was ich hier unter Seele verstehe. Die Seele ist ein komplexes Konzept, das in verschiedenen Kulturen und spirituellen Traditionen unterschiedlich interpretiert wird. Allgemein kann man die Seele als den immateriellen, ewigen Kern eines Menschen verstehen, der unsere tiefsten Gefühle, Gedanken und unsere wahre Essenz enthält. Sie wird oft als die Verbindung zu einer höheren spirituellen Ebene betrachtet und ist eng mit unserer Identität und unserem Sinn im Leben verknüpft. Die Seele kann als Quelle innerer Weisheit, Intuition und tiefer Verbindung zu uns selbst und dem Universum gesehen werden. Ich verstehe hier die Seele als ewigen Kern des Seins und die Intuition als höheres Selbst. Jeder darf hier seine eigene Interpretation haben.

Die folgende Übung verwendet nun das Tönen (Erzeugen von langgezogenen Vokalen), um eine tiefere Verbindung mit deiner Seele zu erreichen. Durch die Vibrationen und die bewusste Konzentration auf den Klang kannst du in einen meditativen Zustand gelangen, der dir hilft, deine innere Essenz zu spüren und zu stärken.

1. Vorbereitung:
- Finde einen ruhigen Ort, an dem du ungestört bist.
- Setze dich bequem hin, entweder auf einem Stuhl mit beiden Füßen fest auf dem Boden oder im Schneidersitz auf einer Matte.
- Schließe die Augen und entspanne dich. Lasse alle Anspannung los und komme im Hier und Jetzt an.

2. Atmung:
- Atme tief ein und aus, um deinen Geist zu beruhigen und deinen Körper zu entspannen.
- Konzentriere dich auf deinen Atem und spüre, wie er deinen Körper durchströmt.

3. Wahl des Vokals:
- Wähle einen Vokalton, der sich für dich natürlich und kraftvoll anfühlt. Beliebte Töne sind ‚Aaa', ‚Eee' oder ‚Ooo'.
- Teste ein paar Töne, wenn du dir unsicher bist, und wähle denjenigen, der für dich am besten resoniert.

4. Tönen:
- Atme tief ein und beginne den gewählten Vokalton laut und langgezogen zu tönen.
- Lasse den Ton aus deinem Herzen kommen, als ob du deine innerste Essenz durch den Klang ausdrückst.

- Spüre die Vibrationen des Tons in deinem Körper. Stelle dir vor, wie diese Vibrationen tief in deine Seele eindringen und eine harmonische Resonanz erzeugen.

5. Verbindung herstellen:
- Setze das Tönen für etwa 10-15 Minuten fort. Erlaube dir, dich vollständig auf den Klang und die Vibrationen zu konzentrieren.
- Nach dem Tönen, lasse die Stille auf dich wirken. Spüre die Nachklänge des Tons in deinem Körper und in deinem Geist.

6. Reflexion:
- Nimm dir Zeit, um über die Erfahrungen und Einsichten nachzudenken, die während der Übung aufgetaucht sind.
- Notiere deine Gedanken in einem Tagebuch, um deine Verbindung zur Seele weiter zu vertiefen und zu reflektieren.

Durch regelmäßiges Üben dieser Toning-Meditation kannst du eine tiefere Verbindung zu deiner Seele aufbauen und ein stärkeres Gefühl der inneren Harmonie und des Friedens entwickeln. All diese Übungen kannst du regelmäßig praktizieren, um die Verbindung zu deiner inneren Stimme, deinem geistigen Führer und deiner Seele zu stärken.

Kapitel 7: Die Integration der Stimmarbeit in den Alltag

Um die vollen Vorteile deiner Übungen zu erfahren und sie in dein spirituelles Leben zu integrieren, ist es entscheidend, diese regelmäßig zu praktizieren. Eine konsequente Einbindung in deine tägliche spirituelle Routine ist der Schlüssel, um die transformative Kraft der Stimmarbeit wirklich zu entfalten. Hier sind einige Tipps, wie du diese Praktiken effektiv in deinen Alltag einbinden kannst.

Schaffung eines rituellen Raumes

Die Gestaltung eines speziellen rituellen Raumes kann deine spirituelle Praxis erheblich vertiefen und bereichern. Hier sind die Schritte, die du beachten solltest:

1. Raum auswählen: Wähle einen Bereich in deinem Zuhause, der ruhig, störungsfrei und angenehm ist. Dieser Ort sollte dir ein Gefühl von Frieden und Geborgenheit vermitteln und ausschließlich für deine Stimm- und spirituellen Übungen genutzt werden. Die Wahl des richtigen Ortes ist entscheidend, da die Energie dieses Raumes einen erheblichen Einfluss auf deine Praxis haben wird.

2. Raum gestalten: Gestalte diesen Bereich so, dass er eine beruhigende und inspirierende Atmosphäre fördert. Nutze

Elemente wie Kerzen, um eine sanfte Beleuchtung zu schaffen, und füge Bilder oder spirituelle Symbole hinzu, die dich inspirieren. Pflanzen können ebenfalls eine wertvolle Ergänzung sein, da sie frische Energie und Lebendigkeit in den Raum bringen. Überlege dir, Farben zu verwenden, die für dich entspannend und erhebend wirken, um die Energie des Raumes weiter zu unterstützen.

3. Persönliche Note: Personalisiere den Raum mit Gegenständen, die eine besondere Bedeutung für dich haben. Dies könnten Muscheln sein, die du von einem besonderen Ort mitgebracht hast, Steine, die du gesammelt hast, oder ein kleiner Altar mit spirituellen Gegenständen, die dir wichtig sind. Diese persönlichen Elemente dienen nicht nur als visuelle Anker, sondern tragen auch energetisch zu deiner Praxis bei, indem sie eine Verbindung zu deinen inneren Erfahrungen und Erinnerungen herstellen.

So wird es dir leichtfallen und auch Freude bereiten, einen heiligen Raum für dich zu schaffen, der nicht nur deinen spirituellen Übungen dient, sondern auch einen energievollen Rückzugsort bietet, an dem du dich vollständig entspannen und auf deine innere Reise konzentrieren kannst. Dieser Raum wird zu einem Ort der Transformation und Heilung, der dir hilft, deine spirituellen Ziele zu erreichen und tiefere Ebenen der Selbsterkenntnis zu erfahren.

Dein tägliches Ritual

Um die Stimmarbeit als tägliche spirituelle Praxis in deinen Alltag zu integrieren, ist es hilfreich, ein Ritual zu etablieren. Ein Ritual ist eine wiederkehrende Handlung, die mit einer tieferen Bedeutung oder Absicht ausgeführt wird und dabei hilft, Struktur und Fokus in unser Leben zu bringen. Ähnlich wie bei einem Meditationsplan ist es hilfreich, feste Zeiten für deine Stimmübungen festzulegen. Indem du jeden Tag zu einer bestimmten Zeit übst, schaffst du einen Rahmen und eine Struktur, die es einfacher machen, zur Routine zu werden. Dies könnte am Morgen sein, um den Tag mit Klarheit zu beginnen, oder am Abend, um die Ereignisse des Tages zu verarbeiten und zur Ruhe zu kommen. Die Regelmäßigkeit hilft nicht nur dabei, die Praxis zu vertiefen, sondern fördert auch Disziplin und Hingabe in deinem spirituellen Weg.

Methoden zur täglichen Integration

1. Setze feste Zeiten für die Praxis: Wie bei jeder Routine ist Regelmäßigkeit der Schlüssel. Indem du feste Zeiten für deine Stimmübungen festlegst, beispielsweise morgens nach dem Aufwachen oder abends vor dem Schlafengehen, schaffst du eine Struktur, die es dir erleichtert, die Praxis zu einem festen Bestandteil deines Tages zu machen.

2. Nutze Übergangsmomente: Integriere kurze Stimmübungen in Übergangsmomente deines Tages, wie etwa nach dem Mittagessen oder während der Fahrt zur Arbeit. Dies kann ein

einfaches Tönen oder das Chanten eines Mantras sein, das dir hilft, dich zu zentrieren und den Moment bewusst zu erleben.

3. Anwendung in Stresssituationen: Nutze die Techniken der Stimmarbeit, um in stressigen oder herausfordernden Situationen einen kühlen Kopf zu bewahren. Ein tiefes Atmen verbunden mit sanftem Tönen kann helfen, deine Reaktion auf Stress zu modulieren und ein Gefühl der Ruhe wiederherzustellen.

4. Verbinde die Praxis mit anderen Aktivitäten: Kombiniere Stimmübungen mit anderen täglichen Aktivitäten wie Spazierengehen, Kochen oder sogar Duschen. Diese Verbindung kann dazu beitragen, dass die Praxis weniger isoliert erscheint und mehr in den Fluss deines Lebens integriert wird.

5. Reflexion und Anpassung: Führe ein Tagebuch über deine Erfahrungen mit der Stimmarbeit. Dies hilft dir, deinen Fortschritt zu überwachen, zu reflektieren, was gut funktioniert, und Anpassungen vorzunehmen, um deine Praxis weiter zu verfeinern.

Morgenritual Stimmmeditation

Ein tägliches Morgenritual könnte wie folgt aussehen:

1. Vorbereitung: Wähle einen ruhigen Ort, an dem du ungestört bist. Dies kann ein spezieller Meditationsraum sein oder einfach

ein ruhiger Winkel in deinem Zuhause, den du für dich schön hergerichtet hast.

2. Position: Setze oder lege dich bequem hin. Achte darauf, dass deine Wirbelsäule gerade ist, um den freien Fluss der Atemluft zu ermöglichen.

3. Praxis: Beginne mit sanftem Tönen oder Mantra-Chanten[28] Du kannst einfache Töne wie 'Om' verwenden oder ein Mantra, das dich persönlich anspricht und unterstützt. Konzentriere dich darauf, wie die Vibrationen deiner Stimme durch deinen Körper fließen und dir helfen, dich zu zentrieren und geistig auf den Tag vorzubereiten.

4. Dauer: Auch ein kurzes Ritual von nur 5 bis 10 Minuten kann äußerst wirksam sein. Nutze diese Zeit, um dich voll und ganz auf die Klänge und deren Wirkung auf deinen Körper und Geist zu konzentrieren.

Abendritual - Reflektierende Stimmpraxis

Zum Tagesabschluss kann ein Abendritual sehr wertvoll sein. Ich genieße es immer wieder und es gibt mir die Gewissheit befreit in einen erholsamen Schlaf zu gehen um meinen Geist und Körper zu regenerieren. Mögliche Schritte wären:

---

[28] *Siehe die Übungen weiter vorne im Buch.*

1. Rückblick: Nimm dir Zeit, um die Ereignisse des Tages Revue passieren zu lassen. Dies kann während des Abendessens oder kurz bevor du deine Stimmpraxis beginnst, geschehen.

2. Loslassen: Während deiner gewählten Stimmpraxis, lass die Herausforderungen und Stressfaktoren des Tages los. Nutze sanftes Tönen oder Chanten, um physische und emotionale Spannungen zu lösen.

3. Frieden fördern: Konzentriere dich auf Töne oder Mantras, die Frieden und Ruhe fördern. Dies könnte das Chanten von 'Shanti' (Frieden) oder ähnlichen beruhigenden Klängen sein.

4. Reflektion und Danksagung: Schließe dein Ritual mit einem Moment der Stille ab, in dem du für die Erfahrungen des Tages dankbar bist und dir selbst Frieden wünschst für die Nacht.

Indem du Rituale regelmäßig praktizierst, schaffst du eine kraftvolle Grundlage für den Tag und einen friedvollen Abschluss am Abend. Diese bewussten Praktiken ermöglichen es dir nicht nur, besser mit dem täglichen Stress umzugehen, sondern auch deine Selbstwahrnehmung und spirituelle Praxis zu vertiefen. Nutze die Kraft deiner Stimme, um ein harmonischeres und erfüllteres Leben zu führen.

Die Herausforderung besteht darin, die Stimmarbeit nicht nur als isolierte Übung zu betrachten, sondern sie als integralen Bestandteil deines Alltags zu etablieren. Dies bedeutet, dass du die Techniken, die du gelernt hast, bewusst und regelmäßig anwendest, um deren Vorteile voll auszuschöpfen. Indem du die Stimmarbeit in deinen Alltag integrierst, wirst du nicht nur ihre unmittelbaren Vorteile wie erhöhte Ruhe und verbesserte emotionale Regulation erleben, sondern auch langfristige Wirkungen wie tiefere Selbstkenntnis und verbesserte zwischenmenschliche Beziehungen. Diese fortlaufende Praxis kann transformative Auswirkungen auf dein gesamtes Leben haben, indem sie dir hilft, ein höheres Maß an Selbstbewusstsein und spirituelle Einsichten zu entwickeln.

Stimmarbeit am Arbeitsplatz

Auch während der Arbeit kannst du Techniken der Stimmarbeit nutzen, um deine Konzentration zu verbessern und Stress zu reduzieren.

- Mini-Pausen: Nutze kurze Pausen während des Arbeitstages, um tief durchzuatmen und ein paar beruhigende Töne zu chanten. Dies kann dir helfen, deine Energie zu erneuern und deinen Fokus zu schärfen.
- Stressmanagement: Wenn du dich überwältigt fühlst, nimm dir einen Moment Zeit für einige tiefe, beruhigende Atemzüge und sanftes Tönen, um dein Nervensystem zu beruhigen und deine emotionale Balance wiederherzustellen.

Stimmarbeit in der Gemeinschaft

Die gemeinsame Ausübung von Stimmarbeit in einer Gemeinschaft kann eine außerordentlich bereichernde Erfahrung sein, die nicht nur deine eigene Praxis vertieft, sondern auch zu einer unterstützenden und zusammenhaltenden Gemeinschaft beiträgt. Durch das Teilen dieser Praxis mit anderen eröffnen sich Möglichkeiten für spirituelle Verbindungen und ein verstärktes Gefühl der Zugehörigkeit. Wenn du Lust hast, dich hier einzubringen und du findest keine Gruppe, dann gründe zum Beispiel selbst eine. Hier sind einige Ideen, die dich inspirieren sollen, dich Singkreisen, die dich inspirieren anzuschließen, oder eben wie gesagt selbst welche zu gründen.

Organisieren einer Gruppe

Vielleicht hast du Lust, in der Gruppe die wundervolle Kraft und die Magie der Stimme zu erleben. Es ist eine energievolle und heilsame Reise, die man gemeinsam antritt. Vielleicht magst du dich hierbei initiativ einbringen. Hier einige Tipps für dich.

1. Gruppe zusammenstellen: Beginne damit, eine Gruppe von Gleichgesinnten zu organisieren, die Interesse an Stimmübungen haben. Dies können Freunde, Familienmitglieder oder Mitglieder deiner spirituellen Gemeinschaft sein. Offenheit und ein gemeinsames Interesse an spirituellem Wachstum sind wichtig für eine harmonische Gruppenatmosphäre.

2. Regelmäßige Treffen planen: Legt feste Zeiten und Orte fest, um euch regelmäßig zu treffen. Diese können wöchentlich oder monatlich sein, je nachdem, was für alle Teilnehmenden am besten funktioniert. Meine Erfahrung ist, dass alle zwei Wochen ein schöner Mittelweg ist. Jede Woche mag zu viel sein und einmal im Monat mag zu wenig sein. Daher hatte ich oft den Mittelweg des 14tägigen Treffens gewählt.

3. Ort wählen: Es ist hilfreich, einen ruhigen und angenehmen Ort zu wählen, der eine entspannte und fokussierte Praxis ermöglicht. Das kann bei dir zu Hause sein, in einem Raum von der Gemeinde oder aber auch in einem eigens dafür gemieteten Yogaraum zum Beispiel.

4. Struktur der Treffen: Gestaltet eure Treffen so, dass Zeit für das gemeinsame Chanten und Singen, aber auch für Diskussionen und Austausch über spirituelle Erfahrungen vorhanden ist. Dies fördert nicht nur die spirituelle Praxis, sondern auch das soziale Miteinander und den Austausch innerhalb der Gruppe. Bereite deine Mantren und Lieder gut vor und achte auch darauf, dass du die Texte für die Teilnehmerinnen und Teilnehmer auch mitbringst. Du könntest diese auch auf eine Flipchart schreiben.

5. Virtuelle Optionen nutzen: In Zeiten, in denen persönliche Treffen nicht möglich sind, können virtuelle Treffen eine wertvolle Alternative bieten. Plattformen wie Zoom oder Skype ermöglichen es, dass die Gruppenpraxis fortgesetzt werden kann, und unterstützen die Aufrechterhaltung der Gemeinschaft und

des gegenseitigen Austauschs.

6. Lernen und wachsen: Nutze diese Treffen, um voneinander zu lernen und die kollektive Energie zu erhöhen. Jedes Gruppenmitglied kann unterschiedliche Erfahrungen und Perspektiven einbringen, die die Praxis bereichern und vertiefen.

Durch Organisation und Teilnahme am gemeinsamen Singen und Chanten, leistest du einen wertvollen Beitrag zur spirituellen Entwicklung und zum Wohlbefinden der gesamten Gruppe. Solche gemeinsamen Erfahrungen sind oft besonders prägend und können zu tiefen spirituellen Erkenntnissen und dauerhaften zwischenmenschlichen Bindungen führen. Singkreise können dazu beitragen, eine tiefere spirituelle Verbundenheit unter den Teilnehmenden zu schaffen. Das gemeinsame Erleben von Musik und Gesang helfen uns, emotionale Barrieren abzubauen und ein starkes Gefühl der Einheit und des gemeinsamen Zwecks zu fördern. Die Regelmäßigkeit dieser Treffen schafft eine feste Struktur, die Teilnehmenden in ihrer kontinuierlichen Praxis zu unterstützen und ein beständiges Gefühl der Gemeinschaft zu etablieren.

Weitere Möglichkeiten:
- Teilnahme an Workshops: Beteilige dich an Workshops oder Kursen, die speziell auf Aspekte der Stimmarbeit ausgerichtet sind. Solche Veranstaltungen sind oft von erfahrenen Lehrern geleitet und bieten eine tiefergehende Einsicht in spezifische Techniken oder Theorien hinter der Praxis.

- Vertiefung der Kenntnisse: Bildungsangebote sind eine hervorragende Gelegenheit, deine Kenntnisse zu erweitern und deine Fähigkeiten zu verfeinern. Sie ermöglichen es dir, verschiedene Ansätze und Stile der Stimmarbeit zu erkunden und deine eigene Praxis entsprechend anzupassen und zu erweitern.

- Netzwerken mit Gleichgesinnten: Workshops und Kurse bieten auch eine wertvolle Gelegenheit, sich mit anderen Praktizierenden zu vernetzen. Diese Verbindungen können über den Workshop hinausgehen und langfristige Unterstützungsnetzwerke und Freundschaften fördern.

Die Einbindung in Gemeinschaftspraktiken wie Singkreise und die Teilnahme an Workshops kann also nicht nur deine eigene spirituelle und stimmliche Praxis bereichern, sondern auch dazu beitragen, eine Kultur des Lernens, der Unterstützung und der gemeinsamen Entwicklung zu schaffen. Diese gemeinschaftlichen Erfahrungen bieten eine wertvolle Dimension der Stimmarbeit, die das individuelle und kollektive Wachstum fördert und somit die Welt wieder ein Stück schöner macht.

Langfristige Integration und Wachstum

Die langfristige Integration von Stimmarbeit in deinen Alltag erfordert Geduld und Beständigkeit. Führe ein Tagebuch[29] über deine Erfahrungen mit der Stimmarbeit. Dies hilft dir, deinen Fortschritt zu

---

[29] *Siehe Seite xx*

überwachen, zu reflektieren, was gut funktioniert, und Anpassungen vorzunehmen, um deine Praxis weiter zu verfeinern. Indem du die Stimmarbeit kontinuierlich praktizierst, wirst du nicht nur ihre unmittelbaren Vorteile wie erhöhte Ruhe und verbesserte emotionale Regulation erleben, sondern auch langfristige Wirkungen wie tiefere Selbstkenntnis und verbesserte zwischenmenschliche Beziehungen.

Ein weiterer Tipp zum Schluss: Bleibe stets lernbereit.

1. Erweiterung deines Wissens: Engagiere dich in fortlaufender Bildung durch das Lesen von Büchern, das Besuchen von Workshops und Seminaren, und das Teilnehmen an Online-Kursen, die sich auf Stimmarbeit und verwandte spirituelle Praktiken konzentrieren. Neue Techniken und Perspektiven können frischen Wind in deine Praxis bringen und dich voranbringen.

2. Vernetzung mit Gleichgesinnten: Der Austausch mit anderen Praktizierenden kann eine unschätzbare Quelle der Inspiration und Unterstützung sein. Gemeinsame Diskussionen und das Teilen von Erfahrungen bieten neue Einsichten und fördern ein tiefes Verständnis für die vielfältigen Anwendungen der Stimmarbeit.

3. Anwendung des Gelernten: Versuche, das, was du durch Bücher, Kurse und Gespräche lernst, aktiv in deine Praxis zu integrieren. Experimentiere mit neuen Techniken und Ansätzen, um zu sehen, wie sie deine persönliche und spirituelle Entwicklung beeinflussen.

Schlusswort

Unsere gemeinsame Reise durch die Welt der Stimmarbeit und Spiritualität hat mich tief berührt und ich hoffe, du hast ebenso gespürt wie großartig und berührend deine eigene Stimme ist. Es ist und war mir eine Ehre, dich auf diesem Weg begleiten zu dürfen. Die menschliche Stimme ist ein erstaunliches Werkzeug, das uns hilft, tiefere Ebenen unseres Seins zu erforschen, Heilung zu finden und eine stärkere Verbindung zu unserem spirituellen Selbst und dem Universum herzustellen.

In den vergangenen Kapiteln haben wir die transformative Kraft der Stimme aus verschiedenen Perspektiven beleuchtet. Wir haben die historische Bedeutung und die modernen wissenschaftlichen Erkenntnisse verstanden, die uns bestätigen, dass das Singen, Tönen und Chanten nicht nur die physische Gesundheit verbessert, sondern auch unsere psychische und spirituelle Balance stärkt.

Spiritualität ist eine sehr persönliche und individuelle Reise, die tief in unserem Inneren beginnt. Diese Reise wird durch die bewusste Nutzung unserer Stimme intensiviert. Sei es durch Summ-Meditationen zur Verbindung mit der inneren Stimme, durch das Chanten von Mantras zur Kontaktaufnahme mit deinem geistigen Führer oder durch das Tönen, um eine tiefe Resonanz mit deiner Seele zu schaffen - jede Übung, die du praktizierst, ist ein Schritt auf dem Weg zu größerer Selbstkenntnis und spiritueller Erleuchtung.

Wenn du dich jemals in einer schlechten Stimmung befindest oder das Gefühl hast, dass du Hilfe brauchst, erinnere dich an die Kraft deiner Stimme. Deine Stimme ist nicht nur Ausdruck deiner Gedanken und Gefühle, sondern auch ein Kanal, durch den du mit dem Universum kommunizieren kannst. Erhebe deine Stimme, summe, chante oder töne, und spüre, wie die heilenden Schwingungen und Vibrationen tief in dir wirken und dein inneres Gleichgewicht wiederherstellen. Deine geistige Führung, den höheres Selbst, deine Intuition, welche du durch deine Praxis anrufst, egal was du nun darunter verstehst, bietet dir Schutz, Weisheit und Unterstützung. Diese Verbindung zu einer höheren Weisheit hilft dir, Klarheit zu finden und deinen Lebensweg mit Zuversicht und Vertrauen zu beschreiten. Du verstehst immer besser, auf die feinen Nuancen deiner inneren aber auch vor allem der äußeren Stimme zu hören, die dich in Momenten der Unsicherheit und des Zweifels leitet.

Unsere Reise endet nicht hier. Die Praktiken und Techniken, die wir gemeinsam erkundet haben, sind Werkzeuge, die dich ein Leben lang begleiten können, wenn du es zulässt. Sie sind eine Einladung, weiter zu forschen, zu wachsen und dich immer wieder neu mit deiner spirituellen Essenz zu verbinden. Deine Stimme, die du in dir trägst, ist eine Quelle unendlicher Kraft und Weisheit. Sie wartet darauf, von dir entdeckt und genutzt zu werden, um deine höchste Wahrheit zu entfalten.

Ich lade dich von Herzen ein, diese Reise fortzusetzen. Nimm dir jeden Tag Zeit, um deine Stimme zu erheben und die heilende Kraft des Klangs zu erleben. Erlaube dir, durch deine Stimme in die Tiefe deines

Seins einzutauchen und die Verbindung zu deinem Hören Selbst, deiner geistigen Führung und deiner Seele zu stärken. Sei mutig, authentisch und offen für die Wunder, die auf dich warten, wenn du deine Stimme als Weg zur inneren Erleuchtung nutzt.

Danke, dass ich dich auf dieser Reise begleiten durfte. Danke daran, dass deine Stimme stets ein kraftvolles Werkzeug sein, das dir hilft, deine Wahrheit zu leben und deine Verbindung zum Universum zu vertiefen. Bleibe neugierig, bleibe inspiriert und erlaube deiner Stimme, dich auf deinem Weg der Entfaltung, Erleuchtung und Heilung zu begleiten.

Namasté,

Martina M. Schuster

Befreie deine Stimme -
und du befreist dich selbst.

Über die Autorin

Martina M. Schuster entdeckte bereits in ihren frühesten Kindheitserfahrungen die Stimme als eine große Ressource. Ihre Leidenschaft zur Musik und zum Gesang hat sie zur Entwicklung ihrer einzigartigen Methode des AuditiveCoaching© inspiriert und sie nun dazu bewegt, das Buch ‚Stimme – Tor zur Ewigkeit' zu schreiben. Als Unternehmerin, Coachin, Dozentin, Autorin, Beraterin und Musiktherapeutin führt Martina M. Schuster die ConAquila GmbH, eine innovative Akademie für transpersonales und holistisches Coaching sowie Bewusstseinsschulung. Martina ist außerdem Achtsamkeits- und Meditationslehrerin.

Ihre Vision reicht weit über herkömmliches Coaching hinaus. Martina hat die tief verwurzelte Kraft der Musik, des Klangs und des Gesangs wiederentdeckt und zu einer einzigartigen Methode des AuditiveCoaching© entwickelt. Diese Methode ist eine Wohltat für die Sinne und die Seele, da sie oft mehr auszudrücken vermag als Worte allein. Mit ihrem AuditiveCoaching© ermöglicht sie ihren Klienten, neue Ebenen der Selbsterkenntnis und Persönlichkeitsentwicklung zu erreichen.

Zusätzlich hat sie die wundervolle Methode des Sound Healing Voice entwickelt. Diese Methode setzt die heilenden und kräftigenden Ressourcen der Stimme vollumfänglich ein. Sound Healing Voice ermöglicht es den Menschen, durch die bewusste Nutzung der eigenen Stimme tiefgehende Heilung und Stärkung zu erfahren. Diese Methode stellt die Stimme in den Mittelpunkt der Seinsfindung und persönlichen Entfaltung und eröffnet neue Dimensionen der inneren Balance und Gesundheit.

Martina M. Schuster betrachtet den Menschen ganzheitlich, als Zusammenspiel von Körper, Geist und Seele. Seit vielen Jahren praktiziert sie Yoga, Achtsamkeitspraktiken und Meditation, was ihre Sichtweise geprägt hat, dass alles miteinander verbunden ist und ein harmonisches Ganzes bildet.

Mit einem akademischen Hintergrund in Betriebswirtschaftslehre und Psychologie, insbesondere Markt- und Werbepsychologie, hat sie einen einzigartigen Blick auf die Wahrnehmung und Beeinflussbarkeit des Menschen entwickelt. Dabei entdeckte sie immer wieder, wie die Erkenntnisse der alten Lehren wie der Buddhistischen Psychologie sich in Wissenschaft und Forschung bestätigten.

In ihrer früheren Laufbahn führte sie über zwölf Jahre lang als Mitglied der Geschäftsführung ein innovatives, international tätiges Unternehmen und bereiste die ganze Welt. 2009 beschloss sie, ihren Fokus auf die psychosoziale Gesundheit des Menschen zu legen und gründete die Coachingakademie ConAquila GmbH.

Die ConAquila Coachingausbildungen zeichnen sich durch hohe Expertise aus und bieten eine stabile Grundlage für angehende

Coaches, damit diese ihre eigenen Fähigkeiten zu einem einzigartigen Angebot auf dem Coachingmarkt entwickeln können.

Martina M. Schuster begleitet Menschen seit ihrer Jugendzeit in Gruppen und unterstützt sie bis heute in ihrer persönlichen Entwicklung und Entfaltung. Ihr größtes Streben gilt einem selbstbestimmten und zufriedenen Leben – sowohl im privaten als auch im beruflichen Bereich, denn beides gehört für sie untrennbar zusammen. Ihre Berufung als leidenschaftliche Coachin und inspirierende Unternehmerin lebt sie mit voller Hingabe aus.

Neugierig geworden? Wenn Du mehr über die faszinierende Autorin und ihre Angebote erfahren möchtest, erkunde ihre Seiten:

www.conaquila.de
www.martinamschuster.de
www.boxofhappiness.academy

Von der Autorin erschienene Bücher

AuditiveCoaching©

Coaching mit Musik, Klang und Gesang

Einführung in eine neue Methode mit uralten Wurzeln.

Format: Softcover

Bindung: DIN A5 hoch

Seitenzahl: 196 Seiten

ISBN: 9783745005646

Martina M. Schuster präsentiert mit ihrem wichtigen Werk ‚AuditiveCoaching©' eine wegweisende Einführung in eine neuartige Methode von tief verwurzeltem Ursprung. Dieses Buch lädt angehende sowie etablierte Coaches ein, in die Welt dieser innovativen Technik einzutauchen, die von Schuster entwickelt wurde. Die Methode schöpft aus alten Traditionen und vereint sie in einer zeitgemäßen Anwendung. Unter dem Titel 'AuditiveCoaching©' werden Leserinnen und Leser ermutigt, sich mit der faszinierenden Verbindung von Musik, Klängen und Gesang im Coaching auseinanderzusetzen. Das Buch richtet sich an Menschen, die ihre Fähigkeiten im Coaching-Bereich vertiefen wollen, sowie an alle, die am Einsatz von kreativen Klangtechniken zur persönlichen Entwicklung interessiert sind.

AuditiveCoaching© jetzt auch in englischer Sprache erschienen.

Coaching with Music, Sound and Song

Introduction to a New Method with Ancient Roots.

ISBN: 9783750239548
Softcover, 168 Seiten

Konfliktfähigkeit stärken

Format: Softcover
Bindung: DIN A5 hoch
Seitenzahl: 260 Seiten
ISBN 978-3-7450-3832-3

Dieses Buch präsentiert eine reichhaltige Sammlung an Wissensinhalten und tollen Übungen. Schnell erlangt man eine umfassende Perspektive – sowohl in Bezug auf individuelle Verhaltensmuster als auch auf spezifische Situationen. Im Verlauf der Lektüre wir klar, dass Konflikte etwas ganz natürliches sind. Dadurch wird es viel leichter, das eigene Leben in vollen Zügen zu genießen. In diesem Buch findest du potenziell den Weg, das eigene Glück auf einer tieferen Ebene zu verankern und eine erfüllendere Lebenshaltung zu entwickeln.

Existenzgründung. Soll ich's wagen?

Arbeitsheft, nur bei www.conaquila.de zu beziehen.

Softcover, A4, 60 Seiten

1. Auflage 2019, Hallbergmoos

boxofhappiness Verlag by conaquila, Hallbergmoos

Hrsg. ConAquila GmbH, Hallbergmoos

Damit deine Existenzgründung zum Erfolg wird, braucht es mehr als nur eine gute Idee und einen Businessplan. Der zentrale Erfolgsfaktor bist du selbst, die Gründerperson. Es kommt auf deine Fähigkeiten und Kenntnisse an, denn Selbstständigkeit muss man im Blut haben.

Mit diesem Arbeitsbuch gewinnst du Klarheit darüber, ob der Weg in die Selbständigkeit der richtige für dich ist und welche Fähigkeiten du noch entwickeln musst, um erfolgreich zu sein. Diese Lektüre gibt dir keine direkten Ratschläge, sondern hält dir einen Spiegel vor. So erkennst du selbst, wo du handeln musst und wo nicht.

**Kraftquelle. Dein Selbstcoachingbuch
für ein bewusstes und schönes Leben.
Gebunden, Softcover, A5,
208 Seiten
ISBN 9783757581237
Neuüberarbeitete Auflage 2023**

Tauche ein in die Welt von ‚Kraftquelle: Dein Selbstcoachingbuch für ein bewusstes und schönes Leben'. Dieses Buch lädt dich zu einer inspirierenden Reise zu deinem inneren Kern ein, wo Lebensfreude und Leidenschaft auf dich warten. In einer Welt, die oft hektisch ist, erinnert dich dieses Buch daran, dass das Leben eine wunderbare Reise ist, und das größte Wunder von allen bist du selbst. Gefüllt mit anregenden Texten, die Mut schenken, neue Perspektiven eröffnen und deine Achtsamkeit entfachen, ist ‚Kraftquelle' mehr als nur ein Buch – es ist ein Begleiter für eine bewusstere und schönere Lebensweise. Jedes Kapitel ist wie eine Quelle, aus der du frische Inspiration schöpfen kannst, um deine eigene innere Kraft zu aktivieren. Entdecke Übungen, die dich dazu ermutigen, dich selbst besser kennenzulernen, deine Stärken zu erkennen und deine innere Resilienz zu stärken. Das Schöne an diesem Buch ist, dass du selbst entscheiden kannst, wie du es erkundest. Die Kapitel bauen nicht aufeinander auf, sodass du frei wählen kannst, welches Thema dich gerade anspricht. Ob du gezielt nach einem bestimmten Aspekt suchst oder intuitiv eine Seite aufschlägst, hier findest du stets eine persönliche Botschaft, die genau zu dir spricht. ‚Kraftquelle' ist mehr als nur eine Lektüre – es ist eine Einladung, dein Leben bewusst zu gestalten, dich mit deiner inneren Weisheit zu verbinden und die Schönheit des Lebens in all ihren Facetten zu umarmen. Mach dich bereit, dich auf eine Reise zu begeben, die dich zu einer tieferen Verbindung mit dir selbst und deiner Umgebung führt.

Kraftquelle Vol. 2

1. Auflage, Juli 2023

Autorin: Martina M. Schuster

Verlag: epubli GmbH

Hrsg. ConAquila GmbH, Hallbergmoos

209 Seiten

Softcover

ISBN 978 3 7575 8174 9

Dieses Buch ist wie ein wertvoller Begleiter, ein persönlicher Kompass auf dem Weg zu einem bewussten und schönen Leben sein. In einer Welt, die sich immer schneller zu drehen scheint und mit Herausforderungen und Umbrüchen auf uns einstürmt, ist es oft schwer, sich selbst nicht aus den Augen zu verlieren. Die ständige Hektik und der Druck des Alltags lassen uns manchmal vergessen, was es bedeutet, achtsam mit uns und unserer Umwelt umzugehen. Doch genau in diesen turbulenten Zeiten können wir Kraft schöpfen und uns mit Leichtigkeit selbstbewusst entfalten – wenn wir uns auf unsere innere Kraftquelle besinnen. Dieses Buch ist kein starres Gebilde, das dich auf einem festen Pfad führt. Vielmehr ist es wie eine Schatzkarte zu einem erfüllten Leben. Schlag intuitiv Seiten auf, lass dich von deiner Intuition leiten und nimm dir einen Stift zur Hand, um hier und da auch deine Gedanken und Ideen festzuhalten. Denn in diesen Seiten liegt die Magie des Mitmachens, des persönlichen Wachstums und der Selbstentdeckung.